문화종교학
27강

국립중앙도서관 출판예정도서목록(CIP)

문화종교학 27강 = 27 lectures on the religion of culture
/ 지은이: 한숭홍. -- 서울 : 동연, 2017
    p. ;   cm

ISBN 978-89-6447-361-0 03200 : ₩15000

종교 철학[宗敎哲學]

201-KDC6
200.1-DDC23   CIP2017009342

문화종교학

한숭홍 지음

27강

7 Lectures on the
Religion of Culture

동연

27 Lectures on the Religion of Culture

Prof. em. Dr. Soong-Hong Han

Dong Yeun Press

2017

『문화종교학 27강』서문

　첫째, 이 책은 2015년 4월부터 1년간 『크리스챤신문』에 기고했던 34편의 원고를 다듬고 정리하여 펴낸 것이다. 저자는 특정 종교의 관점에 치우치지 않고, 종교의 본질과 현상을 객관적으로 규명하려는 데 역점을 두고 이 작업을 했다. 이 원고를 작성하며 기본적으로 사용했던 자료는 졸저 『문화종교학』이다.

　『문화종교학』은 1987년에 출판되었는데, 그 당시 자료수집의 한계로 인해 간접 자료들을 다수 참고하였다. 마르크스, 엥겔스, 레닌 등의 저서들은 금서였기도 했지만, 한국에서는 그런 저서들을 구할 수도 없었다. 그뿐만 아니라 몇몇 고전 종교학 저서들도 자료수집의 한계로 2차 자료들에 의존할 수밖에 없었다.

　둘째, 종교의 본질과 현상에 대한 폭넓은 지식과 보편적 이해는 종교 간의 대화에 기여하게 될 것이며, 종교 간의 화해와 평화는 인류의 보편적 가치에 대한 신뢰를 증진할 수 있을 것이다. 이러한 점을 고려하며 이 책을 읽어 간다면 종교의 본질과 현상에 대한 관심의 폭도 넓혀질 것이다.

이 책은 누구나 쉽게 읽을 수 있고 다양한 지식을 얻을 수 있도록 저술된 책이다. 그러므로 종교학의 어떤 특정 학파나 주장에 추종하며 논쟁할 목적으로 이 책을 읽으려 한다면 다소 기대에 벗어날 수도 있을 것이다.

끝으로, 출판을 맡아주신 도서출판 동연 김영호 대표님과 편집부 여러분에게 심심한 감사를 드린다.

2017년 1월 3일

韓崇弘

프랜시스 베이컨은 "비천한 철학은 한 사람의 정신을 무신론으로 쏠리게 하지만, 심원한 철학은 인류의 정신을 종교로 향하게 한다"라고 말한 바 있다. 이 말에는 철학이 있는 인간과 철학이 없는 인간의 인생관의 차이가 궁극적 실재를 인정하느냐 아니냐에 의해서 결정된다는 의미가 담겨있다. 철학은 깊이의 문제를 추구하고 분석하고 해석하는 학문이다. 철학은 절대적 가치, 초월적 존재, 궁극적 실재까지도 탐구의 대상으로 삼고 있으므로 '형이상학'이나 '존재론'이라는 명칭하에 종교적 문제도 밀도 있게 취급해왔다. 이런 까닭에 거의 19세기 말엽까지 종교에 관한 언급이나 학문의 대상으로서의 종교는 철학의 울타리 안에서 사회학이나 교육학이나 심리학 등과 마찬가지로 철학의 한 분야로 취급됐다.

종교학은 철학에서 독립된 학문이다. 그러므로 종교학의 학문사적 배경이나 역사는 짧다. 그뿐만 아니라 종교학은 철학이나 신학과는 달리 어떤 특정한 원리를 가진 학문이라고 규정하기도 어려운 미성숙의 학문이다. 그러므로 종교학에 대한 본질 이해와 학문 규정은 매우 다양할 뿐만 아니라 또한 매우 모호하기 때문에 종교학이 완전히 정립됐다고 단언할 수도 없는 실정이다.

이렇듯 '종교란 무엇인가?'라는 단순한 질문 하나에도 정확히 설명할 수 없는 상황에서 종교학을 정립하려는 노력은 어떻게 보면 추상적인 것을 구체적으로 만져보려는 노력만큼이나 어렵기도 하고 때로는 무의미한 감도 있다. 그래서 웹과 같은 사람은 "종교의 정의는 무용하며 불가능하다"라고 체념적으로 말하기도 했다.

저자는 종교란 무엇인가를 설명하려는 단순한 시도가 여러 가지 복합적인 문제들 때문에 본래의 목적을 상실하고 이리저리 부동하면서 개성이나 의미를 잃어버리는 불상사를 막기 위하여 철저하고 편견이 배제된 객관적 입장, 좀 더 구체적으로 표현하면 종교 자체에 대한 본질 규정과 그리고 종교의 공통적 현상들을 분석하고 서술하여 체계화하는 과학적 입장에서 이 글을 이어갔다. 그러려면 종교의 본질에 대한 정의부터 정확히 해야 할 것이다. 그래서 될 수 있는 대로 여러 각도에서 진술된 종교 정의들과 인간의 원초적인 종교성을 상식적으로 표현한 것들이라도 내용에 삽입하기를 주저하지 않았다. 모든 학문이 그렇듯이 종교학의 학문성 역시 종교적 현상에 대한 인간의 직접적인 체험과 그 체험 일반에 대한 상식적인 이해로부터 발원하기 때문이다.

그렇다면 우리는 이제 여기에서 자신 있게 '종교학은 필요한가?'라는 질문을 던질 수 있을 것이다. 이 질문은 종교학의 학문적 가치를 평가하는 차원에서 종교학의 존재 이유를 설명하는 것이므로 매우 의미 있는 질문이다. 이 질문은 다음과 같이 설명될 수 있다.

첫째, 과학사나 과학철학의 견지에서 보면 종교학은 다른 학문에 비하여 학문화된 연륜이 짧지만, 엄연히 독자적인 학문이다. 일반적으로 연구의 대상Gegenstand, 역사Geschichte, 방법Methode, 분야Gebiet를 학문의 4대 요소라고 하는데, 이것이 학문성을 인정하는 척도다. 종교학도 이에 부합하는 조건을 충족하고 있다.

학문의 본래성은 어떠한 대상이라도 학문적 관심의 대상이 될 수 있으며, 학문적 관심의 대상에 따라 학문의 독립적 영역이 결정된다는 사실에 있다. 이 점에서 종교학의 학문적 가치와 존재 이유는 충분히 인정된다.

둘째, 종교학은 인류의 문화를 '종교적 인간homo religiosus'의 종교성에서 해석하려는 학문이다. 이러한 맥락에서 볼 때 문화에 대한 이해는 인류의 종교성을 이해하는 것이라고 말할 수 있다. 이런 점에서 종교학은 문화를 종교적으로 해석하는 과학이며, 다른 각도에서 보면 종교를 문화적으로 표현하는 학문이다.

저자는 지금까지 '종교학'이라는 막연한 이름으로 불려 온 이 학문의 명칭 자체를 보다 정확하게 부르기 위하여 '문화종교학'이라고 했으며, 그래서 책명까지도『문화종교학』이라고 붙여 보았다.

그러나 '문화종교학'은 '종교심리학', '종교사회학', '종교인류학', '종교지리학', '종교철학' 등과 같은 학문처럼 특정 원리에 관한 관심에서 서술된 것도 아니다. 문화종교학은 문화의 관점에서 종교를 바라본다거나, 혹은 종교의 관점에서 문화를 바라보려는 자세를 취한 것이 아니고, 종교가 문화의 본질을 표현한 실체라는 시각으로 종교의 정체성을 드러내려는 과학이다.

세계 종교사를 일별해 보면, 우리는 냉철하고 논리적인 순수한 인간의 이성보다는 인간의 원초적 감성과 풍부한 감정, 그리고 감정의 직접성과 비합리적인 현상들에 대한 해석-이해-신앙이 주도해 왔음을 발견할 수 있다.

문화의 꽃이 찬란하게 피었던 때 인간의 자만심이라든가, 전쟁으로 한 종족을 멸종시키는 잔인함이라든가, 폭력, 혁명, 투쟁, 갈등 같은 인간사에서 끊임없이 일어나는 제 현상들, 그리고 인간의 내적 감정에 어떤 자극이나 공포 같은 전율을 던져주는 자연으로부터 오는 현상들은 한마디로 인간의 삶을 형성하는 문화적 요인으로서 작용한다. 하지만, 인간은 이성적 동물이라는 명제를 내세워 인간의 문화 발생과 발전의 추진력을 인간 이성에서 추적하려는 일군의 철학자들이라든가, 유물론적 세계관을 기본 구조로 하고 인류 문화를 개관하려는 철학자들이라든가, 인간에게서 그리고 인간에 의해서 인류 문화는 창조되는 것이므로 문화사란 한 마디로 인간의 의지 결정체라고 주장하는 의지론자들은 이러한 주장에 동의하지 않을 것이다. 그러나 우리가 이런 주장들과 또 이외에도 무수히 많은 주장을 모두 하나의 공통 개념으로 묶어 표현해 본다면 결국 관념론자들의 이성의 힘이라든가, 유물론자들의 현실성이라든가, 의지론자들의 의지 같은 것, 그리고 위에서는 열거 안 했지만, 예술가들의 심미성이나 종교인들의 누멘 체험 같은 것은 한마디로 인간에 의해서 반사된 인간의 전인적 현상이다. 이것들을 우리는 삶이라고 부를 수 있다.

이러한 것들은 인간의 원초적 본성으로 인간의 삶의 여러 형식 중의 하나에 불과할 뿐만 아니라 이러한 삶의 형식들로부터 인간은 잠재된 문화의 가능성을 원초적으로 배양해 왔으며, 이런 인간의 문화 가능성이 다시 인간의 삶을 문화화한 것이다. 저자는 이런 원리를 '문화적 환원die Kulturreduktion'이라고 부른다. 다시 말해서 인간에 의해서 받아들여지는 밖에서 들어오는 객관적 현상들과 인간에 의해서 표현되는 안으로부터 솟아나는 주관적 현상들은 우리가 아무리 어떤 명칭을 붙여 개념화를 시도한다 할지라도 아직 구현되지 않은 문화일 뿐이다. 분명한 것은 인간의 삶은 그 자체로서 자생하는 것이 아니고 문화의 가능성을 통해서 실현된다는 것이다. 그러므로 인간의 삶의 모든 현상은 아직 형성되지 않은 가능성으로부터 문화로 구현됨으로써 삶이 되는 것이다. 따라서 문화는 삶 자체라고 광의적으로 말할 수 있으며, 그 반대로 인간의 통전적 삶은 인간의 삶을 가능케 하는 문화라고 말할 수도 있을 것이다.

이 책은 종교학에 관심을 가진 사람들을 위한 입문서로서 저자 자신이 1980년부터 매년 반복해서 강의하면서 수집한 자료들과 집필을 결심하고 나서 좀 더 모은 자료들을 체계적으로 쉽게 정리한 것이다. 문체는 입문서란 특징을 살리기 위하여 논쟁적 진술 형식을 피하고 서술적 진술 형식을 택했다.

이 책이 취급하는 문제는 크게 다음 두 가지이다.

첫째, 종교란 무엇인가?

둘째, 종교는 어떻게 이해되는가?

대체로 종교란 초월적 존재에 대한 인간의 관심이라는 말로서 정의되고 있지만, 같은 맥락에서 철학자들은 종교란 궁극적 실재에 대한 인간의 관여라고 표현하며, 신학자들은 창조주 하나님과 피조물 인간 간의 관계에서 정의하려 한다.

저자는 이 책의 제1편에서 인간의 종교성을 여러 이론과 주장에 따라 서술하였고, 제2편에서는 인간의 종교적 체험이 어떻게 상징화되는가 하는 점을 종교현상학적 방법을 통하여 서술하였다. 현상학은 종교학을 위한 보조과학으로서 종교적 현상을 직관하고 분석하여 해석하는 데 매우 공헌하고 있다. 이 책의 제2편은 현상에 대한 본질 직관의 방법을 통하여 종교적 현상들을 체계적으로 제시하려는데 목적을 두고 있다. 그러므로 제2편에서는 성스러운 본질이 세속적인 데서 현현되는 것과 세속적인 본질이 성스러운 것으로 상징화되는, 성과 속의 관계를 변증법적으로 설명하였다.

본서는 하나의 주도 개념으로 연결되어 있다. 자동차의 각 부품이 각각 다른 기능들을 하고 있으면서도 '자동차'라는 하나의 전체를 이루어 자동차의 본래성을 구성하듯이 '종교적 인간'의 삶 자체das Leben an sich는 종교적이라는 것과 인류의 문화는 각 인간의 삶 자체의 결정체라는 것이 하나로 엮어져 구성체를 이루고 있다는데 초점을 두고 서술한 것이다.

저자의 의도는 독자들이 종교에 관하여 더욱 다양한 지식을 얻게 하려는데 있다. 그래서 전체가 2편으로 구성된 이 책을 모두 7장으로 나누어 장마다 가능한 한 그 제목에 부합된 내용을 명료하게 서술하려 했다.

이 책의 가치는 전체를 통독하지 않으면 발견할 수 없을 것이다. 그것은 마치 어느 종교를 이해하기 위하여 그 종교의 예배 의식에만 참석하고 나서 그 종교를 완전히 이해했다고 말할 수 없는 것과 마찬가지로, 이 책의 어느 한 부분만을 읽고 전체를 이해했다거나 평가할 수 있으리라고 생각해서는 안 될 것이다.

이 책의 가치로서 또 한 가지를 제시하라면 이 책이 쉬운 문체로 쓰였으므로 누구나 쉽게 읽을 수 있고 또 쉽게 이해할 수 있다는 점일 것이다.

책을 읽기에 앞서 먼저 다음과 같은 점을 알아두어야 할 것이다.

이 책을 기술하는 과정에서 꼭 필요하다고 생각되는 부분에서는 직접 인용부호를 붙여 본문을 번역하여 넣었으며, 또 몇 군데에는 번역문 뒤에 괄호를 하고 원어를 기록해 넣었다. 그것은 독자들이 개념의 정확성을 갖게 하려는 이유와 명제적 표현들을 원문대로 이해하는 것이 더욱 정확한 내용 이해의 길이라고 생각했기 때문이다. 그리고 될 수 있는 대로 불필요한 각주는 생략했다. 이미 기정사실화 된 내용들, 그리고 이 책을 읽을 수 있는 수준의 독자 정도라면 누구나 숙지하고 있을 내용 같은 것, 그중에 한두 예를 들어보면 기원전 6세기의 철학자 헤라클레이토스의 "만물은 유전한다"라든가 아리스토텔레스의 "인간은 정치적 동물"이라든가 하는 명제들은 이미 보편화한 것이므로 그 전거를 밝히는 불필요한 친절을 사양했다.

이 책에는 여러 가지 부족한 점도 있다. 우선 이곳에서 인용되고 있는 각 나라의 신화들이나 민속들이 저자의 직접적인 현지답사를 통하여 수집되거나 체험된 것들이 아니므로 많은 종교적-신화적 자료들과 종교예식 문헌들이 간접자료라는 점이다. 그리고 또 한 가지는 몇 권의 저서들을 간접 인용한 점이다. 여러 가지 이유로 저자로서는 도저히 구할 수 없는 저서들이었기에 필요한 부분을 재인용하거나 편저에 의존할 수밖에 없었다. 마르크스-엥겔스의 모스크바판 책들이라든가 레닌의 저서들이 여기에 속한다.

마지막으로 한 가지만 더 지적한다면 종교와 일반 학문과의 관계에 관한 장이 없다는 것이다. 예를 들면 '종교와 과학', '종교와 예술', '종교와 문학', '종교와 철학', '종교와 도덕', '종교와 정치', '종교와 사회' 등등 이러한 문제들을 취급하지 않았다는 것이다. 그러나 이런 장은 종교학 서술의 또 하나의 새로운 시각이 될 수 있다고 생각했기 때문에 구상은 했지만, 의도적으로 삭제해버렸다.

　이 책에서 취급한 문제들을 좀 더 깊이 연구하거나 종교학의 다른 영역들까지도 두루 섭렵하려는 독자는 이 책의 뒷부분에 분야별로 세분해 놓은, 1,200권에 달하는 도서목록에서 필요한 정보를 얻을 수 있을 것이다. 이 책이 종교학을 이해하는데 길잡이가 될 수 있기를 바라며….

　끝으로 원고 정리에 많은 시간과 정성을 아끼지 않은 이승은 양과 더욱 훌륭한 책이 될 수 있도록 원고의 교정과 편집을 맡아 수고한 한경호 전도사에게 진심으로 감사한다. 나의 이 저서가 종교학을 이해하는데 조금이나마 길잡이가 될 수 있다면 무엇보다 기쁘겠다.

1987년 2월 15일

저자 한승홍

■ 차 례

제1편

종교란 무엇인가

제1강
종교의 본질에 관한 전이해

머리말

종교학은 종교의 문화적 형식과 문화의 종교적 실체를 탐구하고 분석하고 규명하는 문화과학의 한 분야다. 구체적으로 말해서 종교학은 종교의 본질과 현상, 형식과 방법 등을 문화와의 상호관계에 따라 해석하는 학문이다. 따라서 종교학은 '종교란 무엇인가?'라는 질문에 궁극적 관심을 표명할 뿐만 아니라 종교 자체를 체계화하여 과학적으로 이해하려는데 학문의 가치를 두고 있다.

종교학의 학문성을 구명하기에 앞서 우선 요청되는 것은 종교의 본질에 관한 전이해前理解다. 아래에서 이것을 세 가지로 나누어 개관하겠다. 첫째, 인간의 본래성인 종교성, 둘째, 인간의 행위와 표상으로 구현된 종교성, 그리고 셋째, 인간의 존재방식과 본질에 원초적으로 작용하는 규범으로서의 종교성 등이 그것이다. 이러한 문제들을 살펴본 후, 종교와 인간 간의 관계에 대하여 종합적으로 결론을 내리고자 한다.

우선 종교성이 왜 인간의 본래성인지에 관해 살펴보자. 어떤 학자들은 인간이 가지고 있는 성적인 욕구나 권력을 쟁취하려는 욕망, 또는 초월적인 어떤 것에 심취했을 때에 그것에 자기 자신을 바치는 헌신 같은 것을 인간의 본래성으로 규정한다. 이처럼 학자마다 저들 나름대로 인간의 본래성에 관해 주장하며 자신들의 이론을 정당화해 가려한다. 여기서는 인간의 본래성 가운데 종교성을 가장 원초적인 것으로 간주하며 종교의 문제를 개진해 갈 것이다.

'인간은 종교적'이라는 말은 이미 인간의 본질을 규정하는 대표적인 표현의 하나가 되었다. 대다수의 종교학자는 초월적 존재에 대한 절대적 신앙이 인간의 삶에 영향을 미친다고 주장한다. 종교가 인간의 삶자체를 지배하는 인간의 본래성이라는 것이다.

개신교 신학자이며 종교학자인 파울 틸리히Paul Tillich는 "종교는 문화의 실체고 문화는 종교의 형식"(Religion ist die Substanz der Kultur und Kultur die Form der Religion)이라는 유명한 말을 통해 종교를 인간의 삶의 총체적 실체로 규정했다(Tillich 1950: 93). 이 말은 종교가 인간을 지배하며, 인간을 다스리며, 인간의 삶 자체를 형성해가는 인간의 본래성이라는 것을 의미한다. 한마디로 종교는 문화의 기승전결에 결정적인 영향을 미치는 동인이므로 인간의 삶과 불가분不可分의 관계를 맺고 있는 본래성이라는 것이다.

'종교란 무엇인가?'라는 질문에 대한 대답이 종교학이다. 그런데 종교와 관계되어 있는 삶의 현상에 따라 종교학은 종교사회학, 종교심리학, 종교철학, 종교신학 등등 여러 분야로 세분되기도 한다.

종교와 문화 간의 관계에서 '문화종교학'이라는 학명이 탄생하였다. 이 학명에는 종교가 문화의 실체라는 입장과 종교는 문화의 다양한 형식들 가운데 하나일 뿐이라는 주장까지도 포괄되어 있다.

문화는 종교의 본질을 규명하는데 결정적인 요인이 된다. 바꾸어 말하면 종교는 문화에 대한 이해에서 시작한다. 바로 이런 이유로 종교에 대한 전이해前理解가 필요한 것이다. 일반적으로 전이해라고 하면 어떤 사물의 본질이나 실체를 아무러한 전제나 편견 없이 파악한 후 이를 통해 그것을 완전히 이해한 경우를 가리켜 말한다.

인간의 원초성으로서의 종교성

인간은 원시시대부터 초월적 존재, 초자연적 현상 등에 깊은 관심을 기울여왔다. 이렇게 보면 종교사 자체는 인간의 발전사와 거의 시간적인 거리 없이 병행되어 온 인류문화의 한 흐름이었다고 이해할 수 있다. 이것도 종교를 이해하기 위한 전이해의 하나이다.

종교는 인류가 문화를 형성해가면서부터 동반되어 온 인간의 본래성이었다. 그러므로 인간을 이해하는데 종교적 요소 없이는 거의 불가능하다. 우리는 일상생활에서도 종교의 이와 같은 본래성을 쉽게 찾아볼 수가 있다. 이것은 종교가 인간의 삶에서 펼쳐지며, 그러므로 인간의 삶과 원초적으로 관련되어있다는 말이다. 어쨌든 종교는 인간의 본성을 지배하는 가장 숭고하고 본래적이며 원초적인 것이다.

인간학은 인간의 본질을 규명하기 위하여 여러 입장과 상황에서 인간에 관한 정의를 시도하는 학문이다. 인간학은 인간의 본질을 규명하여 더욱 더 정확한 인간 이해를 하려는데 그 목적을 두고 있다.

인간학의 여러 유형이 가진 공통성은 인간과 동물을 비교하며 인간의 본질을 드러내려는데 있다. 그렇다면 우리는 여기서 인간학과 동물학의 차이를 잠시 살펴볼 필요가 있다. 우리는 동물도 여러 가지 기능을 가지고 있다는 사실과 때로는 그 기능이 인간이 가지고 있는 기능과 유사하거나 같다는 것을 인간학자들의 연구 결과로 알게 되었다. 그러나 인간과 동물이 구별되는 분명한 사실 한 가지만을 예로 든다면, 동물에게는 초월적 존재에 대한 외경畏敬이나 신앙 같은 종교성이 없다는 것이다. 이것은 인간만이 종교적이라는 말이다. 우리는 인간을 종교적 동물이라고 정의하면서 인간의 본래성을 초월적 존재에 대한 반사행동에서 체계화 하려 한다. 이런 시도는 결국 인간은 왜 초월적 존재와 관계를 맺고 있으며, 이 관계는 어떻게 성립되어있느냐는 존재론적 질문을 일으킨다.

종교학은 인간이 던질 수 있는 궁극적 실재에 대한 전인적 질문을 규명하는 학문이다. 이런 관점에서 우리는 이 문제를 근본적으로 해명해야 할 것이다. 인간과 궁극적 실재 간의 관계에서 이해될 수 있는 종교의 본래성이 종교의 전개념前槪念으로 서술된다면 인간의 본래 모습은 종교적이어야 할 것이다.

종교의 본래성이란 인간의 실존에 잠재되어있는 초월성이다. 인간의 실존은 종교가 가능한 장소다. 그러므로 인간이 종교적이란 표현은 종교는 인간에서 전개된다는 것이다. 인간은 종교적 관계에서 행동하며 종교적 방식으로 생존한다. 한마디로 인간의 본래성은 인간의 종교성에서 규명된다. 종교사회학이나 종교인류학 등은 이런 관점으로 인간의 종교성을 규정한다.

어쨌든 인간은 자기 자신의 실존적 존재 속에 종교성을 내포하고 있다. 그러므로 인간의 삶 자체는 이러한 종교성의 표현이기도 한 것이다. 인류사의 맥락에서 보면 종교는 인간의 삶의 표현이며, 인간이 살아가고 있는 활동 그 자체다. 그래서 인류학자들은 말할 것도 없고, 종교학자들까지도 인류와 더불어 종교는 어떤 모습과 형태로든지 늘 관계를 맺어왔다는데 이의를 제기하려 하지 않는다.

종교는 인간의 삶에 시간과 공간을 초월하여 늘 작용해 왔다. 인간이 종교적이라는 것은 종교가 배제된 인간의 삶이란 불가능하다는 말이다. 역으로 표현하면 종교가 인간의 본래성이라는 것이다. 이 명제를 규명하기 위하여 우리는 종교학자들이나 신학자들의 주장에 반드시 의존해야 할 필요는 없다. 우리는 삶의 자리에서 종교가 인간의 본래성으로 문화를 통해 표현된 형식임을 체험하고 있다.

인간은 스스로 유한하고 연약한 존재라고 생각한다. 이것은 무한한 존재에 대한 막연한 동경이 인간의 본래성에 무의식적으로 잠재되어 있다는 것을 반증하는 것이다. 인간은 아무리 교양을 많이 쌓았거나 학식이 높다 하더라도 절대적 힘이라고 스스로 믿는 것을 의지하려 한다. 이 믿음의 행위로부터 신앙심이 생겨나고, 이런 과정을 거치며 형성된 믿음의 형태가 특수한 종교를 만들고, 인간은 그 종교에 헌신하며, 그 종교는 또한 인간의 삶을 지배하게 된다. 거의 모든 종교학자는 종교가 인간의 본래성이라는 데 의견의 일치를 보인다.

인간의 행위와 표상으로 구현된 종교성

종교학자들의 공통성은 인간을 '종교적 인간'으로 규정한다는 것이다. 이 규정에 따르면 인간의 삶 자체가 곧 종교라는 말이다. 이것은 종교 없이는 인간이 생존할 수 없다는 내용을 담고 있다. 종교적 동물인 인간은 체질상 종교적이며, 이 점에서 동물과 구별된다는 의미가 이 표현에 함축되어 있다.

아리스토텔레스Aristoteles는 인간을 "정치적 동물"로 정의한 바 있는데, 이것은 인간을 '종교적 인간'으로 규정한 종교학자들의 인간론과 대조적이다. 인간은 사회성을 구현하려는 의식이 있다든지, 혹은 초월적 존재를 숭배하려는 체질로 되어있다든지 하는 이런 주장들의 공통성은 인간은 구체적으로 문화를 형성해 가며, 삶을 이끌어 간다는 점이다.

인간은 그들의 삶에 절대적인 영향을 주는 것에 그들의 삶을 맡기고 있다. 독일의 종교 철학자 벨테Bernhard Welte는 다음과 같이 말한 바 있다.

우리는 인간의 종교적 관계나 종교적 현존양식을 좀 더 포괄적으로 이해해야 한다. 종교적 현존은 여러 차원에서 전개된다. 신앙이나 묵상과 같은 내적인 차원과 제의나 설교, 종교적 행위와 같은 외적인 차원이 거기에 속 한다(Welte 1980: 30).

벨테는 매우 구체적으로 인간의 행위와 표상으로 종교성이 드러난다는 점을 부각했다. 이런 관점에서 볼 때 인간의 내면성과 외면성에서 인간의 종교성을 진술한 벨테의 종교 정의는 매우 구체적이고, 의미 있는 정의라 하겠다.

종교란 말은 본래 어떤 특정한 의미로 쓰이지 않았다. 인간은 초자연적인 실재를 성스러운 것으로 신앙하였고, 그것에 인간의 기복을 빌었고, 이러한 신적 위엄 앞에서 두려워 떨며 숭배하였는데, 이런 행위가 종교란 개념이 형성되기 이전에 인간의 삶에서 실현되고 있었다. 이런 인간의 종교적 행위와 표현은 그 자체 내에 매우 상징적인 요소를 내포하고 있다.

종교는 종교적 예전이나 예배 때 종교적 상징을 사용하거나 그 상징을 해석하는 행위로부터 시작된다. 원종교 즉 원시종교에서부터 이런 종교적 상징은 예배의 핵심 요소 중의 하나로 그리고 성스러운 감정이 표출될 수 있도록 하는 매개체로 작용해 왔다. 그러므로 인간의 원초적인 종교성은 인간의 행위와 표상에 구체적으로 영향을 주었고, 인간의 행위와 표상으로 구현된 구체적인 것이 종교의 형태로 드러나게 되었다.

미르치아 엘리아데Mircea Eliade는 다음과 같이 역설했다.

인간은 상징을 사용하는 존재이므로, 그의 모든 행위에는 상징적 의미가 내포되어있다. 종교적 진리에도 상징적 성격이 수반될 수밖에 없다. 모든 종교적 행위와 제의祭儀가 초월적 존재를 예배할 목적으로 행해진다는 것은 틀림없는 사실이다(Eliade 1973b: 95).

구체적으로 말해서 인간의 종교적 행위와 표현은 상징으로 나타나고, 그것은 제의와 여러 가지 초경험적 실재에 대한 표현으로 현현된다는 말이다. 문학이나 예술과 같은 분야에서는 상징에 대한 이해에 논란의 여지가 많다.

상징은 표현의 수단이므로 기호나 암호와 같은 것으로 이해할 수도 있고, 상징에는 의미가 포함되어 있으므로 개념적 실재로 이해할 수도 있을 것이다. 그러나 종교에서 상징의 의미는 그 자체가 예배라는 점에서 그 어느 상징에 대한 이해보다 절실하고 본질적이다. 등산을 하다 보면 기암이나 고목에 치성致誠을 드리거나 그 앞에서 굿한 흔적들, 촛농이 바위 위에 흘러내린 오래된 흔적들을 종종 보게 된다. 이 경우 기암이나 고목은 그 모양이 기이하거나 오래됐거나 위치가 좋은 곳에 있으므로 사람들의 절을 받으며 숭배대상이 된 것이 아니다. 이런 행위와 표현은 구체적인 대상을 신화神化하여 숭배한 행위다.

대체로 종교학자들은 기독교, 이슬람교, 유대교, 힌두교, 불교 등등 형식화되어있는 종교를 고등 종교로 그리고 샤머니즘, 민속신앙, 미신 등등 형식화되어있지 않은 종교를 하등 종교로 나누어 구별한다. 하지만 이렇게 형식에 따라 종교를 차별화하거나 유형화하는 것은 종교학 연구에 크게 도움이 되지 않는다. 고등 종교든지 하등 종교든지 간에 한 지역의 사람들에게 직접 영향을 미치는 종교는 그 지역의 사람들에게는 절대 신앙이다. 그리고 이 신앙의 표현을 통해서 종교예식이 점진적으로 구체화되고, 이런 행위를 지속하며 저들의 종교로 정착하게 된다.

종교가 인간의 내면세계에서 표출된 것이거나 외적 환경에 의해 형성된 것이거나 간에 인간은 개념화되어진 초월적 힘을 숭배한다. 그리고 그것을 믿고, 그것에 기도를 드리며, 예배를 통해 그것에 대한 표상을 상징화한다. 이렇게 종교는 진화한다.

상징화된 종교적 표상에 대한 예배나 예배 자체인 상징적 행위가 인간의 지능이 발달하고 문화가 발달하면서 여러 민족에서 구체적인 종교로 형성되었다.

인간의 존재방식과 본질에 대한 규범으로서의 종교성

종교는 각 사람의 신앙 정도에 따라 삶을 결정하는 필연적 조건으로 간주되기도 하고, 삶을 나약하게 하는 불필요한 조건으로 간주되기도 하므로 어느 특정 종교나 신앙형식으로 모든 인간의 행동을 가늠한다는 것은 있을 수 없는 일이다. 종교가 무신론자들에게는 미신일 뿐이지만, 유신론자들에게는 자신의 삶을 내던질 정도로 위대하고 절대적인 것이다. 이처럼 종교에 대한 인간의 관심은 극단적이다.

헤라클레이토스Heracleitos는 "만물 유전"을 역설한 바 있다. 화이트헤드Alfred N. Whitehead 역시 만물을 과정 중에 있는 실재로 규정하며, 신 역시 과정 중에 있는 존재라고 주장했다. 요컨대 만물은 과정 중에 존재하며, 심지어 신조차도 과정 중에서 역사한다는 것이 저들의 주장이다. 이렇게 볼 때 우리의 삶은 과정 중에서 또 신도 그 과정 중에서 우리에게 역사하고 우리는 필연적으로 종교적인 차원에서 신과 교제하며 지낼 수밖에 없다는 것을 생각해 볼 수가 있다.

인간은 종교를 받아들일 때 그 종교의 의미와 그 종교가 주는 구원의 방식에 자신의 전 삶을 맡길 각오를 하고 접근해야하며, 그것이 신앙형태를 표현하는 데 필요하다는 것을 알아야 한다. 우리는 종종 여러 종교가 인간의 행동과 존재방식을 제한하거나 인간의 삶에 너무 깊숙이 간섭하는 것을 알고 있다. 특히 유일신 종교는 이런 행동 지침을 신적 명령으로 간주하며, 신은 창조주일 뿐 아니라 섭리자요, 인간의 삶의 명령자라고 가르친다. 이런 종교는 대체로 보편적이며 절대적인 종교로 일컬어진다. 이처럼 모든 종교는 인간을 종교적 진리로 유도하기 위하여 하나같이 인간의 삶에 간섭하며, 명령하며, 제한한다.

문화사적·사회학적 관점에서 보면 종교는 인간의 삶을 지배할 수 있는 규범이 될 수 없다. 하지만 특정 종교의 관점에서 보면 종교는 인간의 존재방식과 본질을 규정하고 세계관을 형성하는 데 결정인 영향을 끼치면서 인간을 '종교적 인간'으로 변화시킬 수 있다. 종교의 무속적 요소나 샤먼의 지식은 이런 행위를 통하여 인간에게 규범적 종교성을 심어 주고 있다.

맺는말

종교학은 초월적 존재와 인간의 삶과의 관계를 규명하는 학문이므로 종교에 대한 개념정의와 본질규정을 통해 접근해야 한다. 문제는 종교에 접근하는 방식에 따라 종교학의 학문성이 좌우된다는 것이다. 이것은 종교에 대한 표상이 개인에 따라 다르므로 종교의 본질에 대한 이해 역시 매우 다양하다는 것을 의미한다.

종교란 초월적 존재에 대한 개인의 궁극적 관심이다. 그러므로 종교에 대한 획일적이고 절대적인 정의는 사실상 불가능하다. 제임스 류바James H. Leuba는 그의 주저인『종교의 심리학적 연구』라는 책의 부록편에서 종교를 50가지로 분류하여 정의한 바 있다(Leuba 1912: 337-361). 그러나 종교의 정의가 다양하다는 것은 종교에 대하여 정의하는 것 자체가 무의미하다는 것을 객관적으로 입증하는 것이다. 어떤 종교적 입장에서 종교를 이해하느냐에 따라 인간은 서로 다른 종교관을 가질 수 있기 때문이다.

'종교란 무엇인가?'에 대한 정의 자체가 다양하다거나, 절대 규정이란 불가능하다거나, 낱낱이 정의하는 것 자체가 무의미하다는 등의 주장에는 종교의 본래성을 찾아 진술해야 한다는 의미가 함축되어있다. 엘리아데는 종교의 본래성을 성현聖顯, hierophany의 현상으로 서술한다(Eliade 1966: chap. I). 엘리아데는 문화에서 성현의 현상을 찾아내려 했다. 구스타프 멘싱Gustav Mensching은 종교를 초월적 존재에 대한 다양한 접근방식에 의지해 그것이 인간에게 미치는 영향을 탐구하는 것이라고 정의했다(Mensching 1959: chap. III).

문화권에 따라 자연현상에 대한 거룩한 감정을 종교로 발전시키기도 했고, 문화로 형성하기도 했다. 그러나 분명한 사실은 종교가 무엇인지 한마디로 규정하기는 어렵지만, 종교와 인간은 불가분의 관계를 맺고 있으므로 종교는 인간을 이해하는 데 필수불가결한 조건 중의 하나라는 점이다.

어떤 이들은 오스트레일리아나 아프리카의 원시종교를 미개인의 종교로 간주하며 평가절하하기도 하고, 저들의 종교예식을 관광 상품 정도로 인식하기도 한다. 이러한 인식은 특정 종교의 예배형식과 신앙 행위에 대한 편견에서 비롯된 것이다. 초월적 존재에 대한 원시시대 사람의 투박한 신앙이나 현대인의 세련된 신앙 간에는 시·공간적, 사회·문화적 차이 외에는 하등의 차이가 없다.

종교는 인간의 삶에서 역동적으로 활동하며, 공동체 의식을 촉진하는 역할을 한다. 그뿐만 아니라 종교는 인간과 심리적, 사회적, 문화적 관계를 유지하며 인간의 삶에 결정적인 영향을 미친다.

현대는 종교상실의 시대다. 현대인은 신앙을 개인의 종교성이 투영된 상대적 가치 정도로 간주하며 종교적 진리의 절대성에 비판적이다. 초월적 존재에 대한 신앙보다 현상계의 가치를 중요시하는 이런 경향은 인간을 유물론적 세계관으로 살아가도록 개조한다.

우리는 돈이나 권력, 이념이나 섹스 등과 같은 현대인의 가치규범에서 인간의 삶의 궁극적 목표를 찾기는 어렵다. 모든 종교는 이런 것에서보다는 더 높은 차원에서 절대가치를 찾으려 한다. 종교는 우리가 절대가치에 의지해 우리의 삶이 설계될 수 있도록 도와준다.

생식기 숭배를 하는 종족들은 남근男根 상징물이나 여근女根 상징물에 인간의 생식, 출산, 풍요 등의 상징성을 부여하고 그것들을 절대적 신력神力으로 숭배하는데 이들에게 종교란 성적性的인 것과 직접 관계되어 있다.

주물숭배fetishism를 하는 종족은 우주에 존재하는 모든 물체에 주력呪力이 깃들어 있다고 믿으며 그 물체의 생명력을 숭배한다. 정령숭배, 토테미즘, 성물숭배 등도 넓은 의미에서 보면 주물숭배의 유형에 속한다.

주물숭배를 원시종교로 분류하지만, 대다수의 현대종교 역시 주물숭배에서 진화되어 오늘의 종교로 형성된 것이다. 간단히 말해서 우주만물에 신력이 있다고 믿는 것 자체가 주물숭배다. 유일신을 숭배하는 신도들은 절대적 신권에 의존하기 때문에 세계는 신의 장중에 있으며, 신에 의해 지배·섭리 된다고 믿는다.

종교란 인간이 궁극적 가치를 어디에 두고 자신의 전인적 삶을 내맡기느냐에 따라 여러 형태로 표출될 수 있다. 종교란 유한한 인간이 무한하다고 믿는 어떤 것에 절대성을 부여하고 교감하려는 인간의 본능이다. 예컨대 아프리카 사람들이 믿는 그들의 토속적인 종교는 그들에게 그 어떤 종교보다 절대적이다. 유대인은 야훼Yahweh를 전지전능한 초월적 존재, 창조주로 숭배한다. 여기에서 말하려는 것은 종교를 그 종교가 발생한 지역의 문화로 이해해야 하며, 결코 이방인의 시각으로 평가하거나 규정하려 해서는 종교의 진수를 발견할 수 없다는 것이다.

종교의 정의는 종교의 본질에 속하는 본래적 양태들을 어떻게 규정하느냐에 따라 다양화된다. 하지만 분명한 사실은 종교에 대한 어떠한 정의도 종교의 본질을 만족스럽게 규정할 수 없다는 것이다. 다만 어떤 특정 학파의 입장이나 방법에 따르지 않고, 보편적이고 객관적인 입장에서 종교에 관해 진술하는 것만으로도 종교적 편견에서 어느 정도 자유로울 수 있을 것이다.

제2강
주지주의적 차원에서의 종교 정의

철학자들은 종교를 지식의 일종으로 간주하며 철학의 범주 내에서 규정하려 한다(Kaufmann 1965: 126). 그러나 초월적 존재에 대한 궁극적 관심을 지성으로 분석하려는 이러한 접근방법으로는 종교 자체를 정확하게 규명할 수 없다.

종교적 감정이나 신앙, 예배에 참여하여 신앙공동체 의식이나 종교적 도덕성 같은 것을 체험해보지 못한 철학자들이 지적 능력으로 종교에 접근하려 한다면 종교는 지성에 의한 분석의 대상으로 전락하게 될 것이다. 이렇게 되면 종교의 학문성은 논리정연하게 정립될 수 있겠지만, 종교의 초월적이고 초자연적인 차원에 대한 본질규명에는 접근조차 할 수 없는 괴리 현상에 직면하게 될 것이다. 이러한 종교 정의를 주지주의主知主義 차원의 종교 정의라고 한다.

헤겔Hegel은 신을 의식 속에 잠재되어있는 내용으로, 그 신을 알 수 있는 지식을 신앙으로 간주했다. 하지만 이처럼 신앙을 지식과 동일시한다면 지식의 정도에 의해 신앙의 차원이 달라질 것이다. 신앙이 지식이라면, 그리고 의식 속에 존재하는 지식의 내용이 신이라면 이러한 개념에 전인적 삶을 위탁하고, 헌신하며 순교까지 할 각오로 믿는 종교행위는 경직된 신조나 일방적 도그마일 뿐이다. 제도화된 기성종교의 입장에서는 신앙을 지식과 동일시하는 이런 종교관을 배격한다.

인류학의 선구자 중 한 사람인 타일러Edward B. Tylor는 종교를 영적 존재들에 대한 신념으로, 틸레Cornelius P. Tiele는 순수하고 경건한 기질이나 신앙심이라고 여기는 마음의 상태로 규정했다. 종교를 인간의 신념이나 심상으로 규정하려는 이런 종교론이 한 때 종교학계의 화두가 된 적이 있다. 종교란 우주에 대한 인간의 궁극적 심정을 표현한 것이며, 만물에 대한 완전한 의식을 뜻하는 것이며, 그 요지라고 규정한 케어드 Edward Caird의 종교론에서도 이와 유사한 입장을 찾아볼 수 있다. 이런 종교 정의의 공통점은 종교를 연구의 대상이나 탐구의 대상으로 이해하거나 개인의 신념에 의존할 수밖에 없는 상대적 가치 정도로 간주한다는 것이다.

이에 반하여 우파니샤드를 최초로 영역한 비교종교학자 막스 뮐러 Friedrich Max Müller는 종교란 인간이 지성에 의존하지 않고 초월적 존재를 인지할 수 있는 신앙이라고 정의했다. 이로써 그는 주지주의 종교 정의를 간접적으로 부정한 것이다. 스펜서Herbert Spencer는 신이란 인간의 지식으로는 알 수 없지만, 만물을 초월적 존재에 의한 물질화 현상이라고 믿는 사람들에게는 이런 행위 자체가 종교라는 견해를 표명했다. 그뿐만 아니라 그는 종교가 진화하며 형성되기 때문에 신 인식 자체가 가변적이고 상대적이며, 그렇기 때문에 신의 존재를 안다는 것은 불가능하다는 신 인식의 절대불가지론을 역설했다. 그는 종교란 개인적으로 경험한 신앙에 따라 달라질 수 있으며, 조상의 영혼에 대한 숭배에서 발전·진화한 신앙형식이라고 피력했다. 그는 종교 진화론을 역설했고 주지주의 종교론을 부정했다.

주지주의는 지성이 신에 접근할 수 있는 수단이라고 역설하지만 지성에 의해 분석되고, 탐구되고, 규정된 것은 신이 아니고 지성의 산물이며 관념일 따름이다. 신의 존재를 믿을 수 없고 신의 초월성을 지성의 척도로 분석하며 합리적이면 인정하고 비합리적이면 배척한다면, 이러한 종교는 지성에 의해 계획되고 형식화된 제도에 불과하기 때문에 초월적 존재에 대한 신앙과 무관하다.

주지주의는 종교를 지성에 의해 만들어진 가치 정도로 인식하기 때문에 검증된 실증적 가치에 정초되어있지 않은 종교는 종교가 아니고, 감성에 의해 표출된 심상의 표현 정도로 간주한다. 넓은 의미에서 이해하면 주지주의는 이성론, 지성 절대주의, 칸트의 표현을 빌리면 순수 오성론 등등 다양하게 지칭될 수 있지만 한마디로 규정하면 합리주의의 일종이라 하겠다.

주지주의의 접근방식으로 초월적 존재를 분석하고 그것에 의지해 타당하다고 판단된 것을 종교적 신앙이라고 한다면, 이러한 종교는 사실상 종교가 아니고 지성의 논리로 만들어진 학설이다. 그뿐만 아니라 주지주의가 기술하는 종교는 신앙공동체의 정체성을 견지하고 있지 않기 때문에 종교로서 해야 할 사회적 기능을 감당할 수도 없다. 지성이 개인의 가치관과 세계관을 결정하는데, 직접 관여한다고는 하지만 지성으로 설명되어 질 수 없는 것까지도 지성의 논리로 정의하고, 지성에 의해 규명되지 않을 때는 배척하려 한다면, 초월적 존재에 대한 개인의 외경이나 신앙은 지성에 의해 만들어진 우상숭배일 뿐이다.

유물론자들과 실증주의자들, 지성에 의해 증명된 것만을 수용하려는 합리주의자들의 종교에 대한 태도나 종교의 본질규명에는 많은 문제가 있다. 주지주의자들은 지성의 통찰력으로 규명되지 않는 초월적 존재에 대한 궁극적 관심이 신앙행위에 의지해 종교로 형성된다는 점을 부정한다. 종교가 지성에 의해 창출된다면 이러한 종교는 이념과 다를 바 없다. 종교란 그 자체로 절대성을 지니고 있는 초월적 존재에 대한 신앙의 결정체다.

그 반면에 자연의 초월적 능력과 현상에 대한 경외지심敬畏之心 때문에 초월적 존재를 믿게 되었다는 입장도 있다. 신앙심이 형성되어 있지 않았던 원시인들의 경우에는 자연의 가공스런 현상에 대한 경외심 자체가 종교였고, 그것을 해석하는 행위가 종교적 의례였으며, 오늘날 우리의 시각으로 보면 저들 나름의 세계관이었고 문화였다.

루돌프 오이켄Rudolf Eucken은 "주지주의적 방법은 종교를 일종의 세계관으로 경시할 우려가 있다"라고 단정하며 주지주의 신앙태도를 부정적으로 평가했다(Eucken 1912: 7). 종교는 지성의 행위로 검증된 가치체계가 아니고, 초월적 존재를 믿는 절대적 신앙형식이다. 주지주의 종교론은 종교를 논리학이나 과학의 방법을 통해 탐구할 수 있는 대상으로 간주하지만, 이런 관점으로는 전인적 헌신을 결단하고 종교에 귀의하거나 순교의 위험을 예상하면서까지 신앙을 지키려는 신앙의 절대성, 오토의 용어를 빌리면 "누미노제 감정sensus numinis"을 체험할 수 없다.

인간은 초월적 존재에 대한 절대적 신앙 때문에 종교에 귀의한다. 종교학자들이 인간을 종교적 존재로 규정하는 근거도 이런 이유 때문이다. 인간은 자연과 초자연 세계를 창조-섭리-지배한다고 믿는 초월적 존재에 경외심을 느끼고, 그 초월적 존재에 대한 두려움 때문에 믿으려 하고, 이러한 믿음 때문에 절대적 신앙을 가질 수 있게 된다. 바꾸어 말하면 신앙으로 말미암아 인간은 절대적 존재와 궁극적 관계를 맺을 수 있게 되며 삶의 가치를 더욱 공고히 할 수 있게 된다.

종교가 지성에 의해 가치를 평가받게 되고, 존재의미를 인정받게 된다면, 이러한 종교는 특정 목적을 위해 만들어진 사상이거나 필요에 따라 언제든지 변형될 수 있는 지성의 한 형식일 따름이다. 지성이 종교를 결정한다면, 이러한 종교에서는 창조주와 피조물 간의 관계는 물론 만유의 기원을 구명究明하려는 창조론이나 진화론도 논외論外의 일이다. 이 지경에 이르게 되면 종교 그 자체는 몰가치沒價値한 대상으로 전락하고 말 것이다.

종교는 인간에게 신앙과 전인적 결단을 요구한다. 종교는 비합리적이지만 인간이 그것에 의존할 수밖에 없다. 인간은 종교의 절대적 가치와 힘을 믿는다. 종교를 논할 때 신앙절대주의를 강조하는 것은 바로 이런 이유 때문이다. 한마디로 말해서 종교는 초월적 존재에 지성보다는 신앙으로, 과학적 분석보다는 절대의존의 믿음으로 접근하며 형성된다.

주지주의 차원의 종교 정의의 한계점은 다음과 같다.

첫째, 주지주의는 종교를 지식의 대상으로 삼고 규명하려 하지만 신학자들이나 종교인들의 관점에서 보면 헛수고일 뿐이다.

둘째, 초월적 존재에 대한 신앙이 배제된 종교는 종교라기보다는 학설에 가깝다.

셋째, 주지주의의 논지에 따르면 종교는 사회를 견인할 수 있는 이

넘이나 사회를 이끌어가기 위한 방편 정도의 기능에 불과하다. 하지만 종교 자체에 대한 이러한 인식은 매우 편협하고 잘못된 것이다. 종교는 이념도 아니고 사회를 지배하기 위한 도구도 아니다.

넷째, 주지주의는 사실상 종교를 부정한다. 주지주의 종교론은 종교를 왜곡-비판하며 부정하는 무신론과 유사하다.

다섯째, 탈종교화된 종교는 개인의 신념일 뿐 결코 종교가 아니다.

결론에 대신하여 덧붙인다면 "나는 믿기 위해 안다"(Intelligo ut credam)라는 명제와 "나는 알기 위해 믿는다"(Credo ut intelligam)라는 명제는 늘 대립적이었으면서도 동시에 상보적 관계를 이어왔다. 이 두 명제가 시사示唆하는 것은 믿음과 앎, 신앙과 지식의 상관관계를 통해 종교는 인류에 공헌하게 된다는 것이다.

제3강
정서주의적 차원에서의 종교 정의

　주지주의는 종교를 이성의 산물 정도로 간주하기 때문에 사실상 종교의 본질과 기능을 규명하는 데는 제한적일 수밖에 없다. 그래서 종교학자 중에서는 주지주의의 종교 정의에 만족하지 못하고 종교란 어떤 입장이나 관점에서 규정하든지 간에 초월적 존재의 위력 앞에서 인간이 느끼는 감정, 인간의 정서가 인간의 삶에 영향을 미치고, 이러한 감정이 신앙과 예배행위로 표출된 것이라는 점을 강조한다. 종교를 인간의 지식을 통한 규범으로 찾을 수 있다는 주지주의 종교 정의는 사실상 종교를 초월적 존재에 대한 경외심에서 발산되는 인간의 본래성으로 보려는 사람들에게는 못마땅하고 불만족스러울 수밖에 없다.

　정서주의는 종교가 인간의 본성에 잠재되어있는 정서적 본질에 의해 생성-진화-발전되어왔다고 주장하며, 종교의 본질을 지식 체계에 의해 규명하려는 어떠한 주장도 일축한다. 한마디로 말해 종교는 초자연적 위력 앞에서 우러나오는 인간의 원초적 감정이라는 것이다. "감정의 신학자", "현대신학의 아버지" 등으로 일컫는 슐라이어마허Friedrich

D. E. Schleiermacher는 종교를 "절대의존의 감정"으로 정의한 바 있다. 그는 종교를 인간의 지적 활동으로 생성된 소산이나 결과로 본 것이 아니고 초월적 존재에 대한 절대의존의 감정이 신앙으로 결집된 인간의 본래성으로 규정했다. 이것은 종교가 절대적 존재에 대한 인간의 감정에 따라 믿음의 정도와 깊이가 결정되기 때문에 종교형성에 인간의 감정이 절대적일 수밖에 없다는 것이다(Schleiermacher 1980: §15, 50ff.). 그는 이 감정의 성향을 경외심으로 규정하기도 했다(Schleiermacher 1799: 46; Cf. 한숭홍 1980: 134ff.).

"믿음으로 구원"(막 16:16)이라는 예수의 말씀은 신앙의 절대성에 대한 인간의 의지를 표명한 핵심사상이라 하겠다. 절대적 믿음으로 인간은 자신의 구원을 확인받을 수 있을 뿐만 아니라 스스로 하나님과 교통할 수 있으며, 그의 기도와 예배가 전달되는 것을 느낄 수 있다는 이런 감정이야말로 절대적이다. 따라서 슐라이어마허가 주장하는 절대의존의 감정은 초월자에 대한 인식이나 지식을 통한 의존, 상대적 의존이 아니고 전인적, 통전적, 절대적 의존이다. 그리고 이 의존의 감정은 자연적 감정과 질적으로 구별되는 감정이다.

정서주의 종교론에 따르면 종교는 인간과 신과의 관계에서 우러나오는 감정의 결과며, 영혼의 상태에서 표출되는 행태다. 이것은 초월적 존재나 성물聖物 감정을 일으키게 하는 대상을 경외하고 숭배할 수 있는 인간의 주관적 태도가 종교성이라는 것을 의미한다. 이런 종교성을 명료하게 집약한 사람이 루돌프 오토Rudolf Otto다.

오토는 슐라이어마허와 마찬가지로 정서적인 면과 감성적인 면에서 종교를 분석하고 종교의 가치를 인정한 학자이다.

오토는 떨림의 감정, 경외심, 절대적 존재와 직면했을 때 느끼는 두려움, 혹은 매혹적인 힘과 같은 것이 종교를 형성하고, 그것이 종교의 신앙태도로 나타난다고 규정했다. 그는 종교적 삶이 성취되는 정신적 기초와 분위기가 성스러운 것, 신적인 것과 직면했을 때 느껴지는 두려움과 떨림의 감정이라고 정의한 바 있다. 결국, 이런 성스러운 본질 앞에서 인간은 작고, 불쌍하고, 무기력하고, 보잘것없는 것으로 느껴지며 영원하고, 위대하고, 절대적인 신적 존재에 의존하려는 강한 감정을 느끼게 되는데, 이것을 통해서 인간은 종교적 감정 즉 신앙을 얻게 된다는 것이다.

　오토는 이런 성스러움에 대한 두려운 감정, 의존의 감정, 떨림의 감정을 한 마디로 "누미노제 감정*sensus numinis*"라는 개념으로 정의하였다. 누미노제라는 용어로 개념화된 이 종교성은 전신에 엄습해오는 "전율", 초월적인 "위력", "정력", "전적 타자"에 대한 경외감 등등 여러 현상으로 인간의 본성에 잠재되어 있다가 신앙의 형식으로 표출·발산된다는 것이 그의 주지 사상이다. 그는 인간의 종교적 감정을 성스러움의 본질로 절대화했다는 비판도 받는다. 하지만 그는 전적 타자 앞에서 발현된 인간의 경외와 신비의 감정이 누미노제 감정임을 지속해서 역설했다. 그는 이 종교적 감정에 관하여 다음과 같이 말했다.

　이 감정은 부드러운 밀물처럼 유동하되 고요한 기분에 잠긴 명상형식으로 정서를 이어간다. 이것은 항상 흐르고 있는 영혼의 기분처럼 점차 엷어져서 영혼이 다시 세속적인 것에 환원될 때까지 오랫동안 지속한다. 이 감정은 충돌과 격동을 일으키며 영혼으로부터 갑자기 분출될 수도 있다. … 이것은 전적 타자 앞에서 가지는 피조물[인간]의 조용하고 겸손한 떨림과 침묵일 수도 있다(Otto 1936: 13-14).

그에 따르면 떨림의 감정, 신비와 경외의 감정에 내포되어 있는 정서, 기분, 침묵 등도 종교형성의 필요한 요인이다.

인간은 신의 존재, 신의 속성 등등 신에 관해 논리적이고 이성적으로 언급하기 이전에 이미 신과 상관관계에 있다. 이것은 인간이 신에 관한 문제를 신학으로 학문화하기 이전에 이미 신의 지상명령을 가슴속에서 강력하게 느끼며 존재하고 있다는 말이다. 한마디로 정서주의 종교론의 요지는 이성이 종교적 신앙을 표출하는 것이 아니고, 감성이 초자연적 힘의 위력에 압도되면서 종교적 신앙을 불러일으킨다는 것이다.

로버트 마레트Robert R. Marett는 종교를 생명과 초자연적 힘의 표상으로 안출案出된 것으로 인식했다. 그는 자신의 입장을 다음의 한 문장으로 압축했다. "원시종교는 생각해 낸 것이 아니고, 춤으로 표출된 것이다"(Primitive Religion is danced out, not thought out). 이것은 정서적 요인이 종교의 활력소가 되며, 신앙공동체를 결속하고 신앙생활을 적극적으로 추진하는 촉진제가 된다는 것을 의미한다. 그는 종교성을 발현하는 이 정서적 요인을 "마나mana"라고 개념화했다. 이처럼 마레트 역시 종교의 기원을 초자연적인 힘에 대한 인간의 감정에 의해 표출된 것으로 이해하고 있다. 그는 이 감정을 인간의 생래적 종교성이며, 종교발생의 요인이라고 주장했다. 이것이 그가 주장하는 마나이즘manaism이다.

그러나 정서주의적 차원에서 내린 종교 정의만이 가장 옳다고 한다면 그것 역시 독선일 수밖에 없다. 종교를 정의하는 태도는 다양하고,

그 입장도 헤아릴 수 없이 많다. 정서주의적 종교 정의도 그중 하나일 뿐이다.

인격적인 신에 대한 감정이나 비인격적이고 초자연적인 힘에 대한 감정은 종교인뿐만 아니라 비종교인도 느끼는 인간의 본래성이다. 그러므로 정서 자체를 종교발생의 동인으로 역설한다면 그것은 문제가 될 수 있다. 물론 초월적 존재나 초자연적 실재에 대한 인간의 전인적인 경외심 같은 것이 종교심을 불러일으킬 수는 있지만, 정서 자체가 종교적인 것은 아니다.

샤머니즘이나 원시종교에서는 샤먼이나 제주에 의한 종교의식이 개인의 정서를 자극하여 신앙심을 북돋게 하지만, 고등 종교에서는 건전한 신앙행위가 종교의 당위성과 필요성의 평가 기준이 되기도 한다. 그러나 여기서 간과할 수 없는 사실은 어떤 고등 종교라도 그 근원을 소급해 추적해보면 원시종교에서 발흥하여 진화·발전해왔다는 것이다. 종교가 고등 종교로 형성되어가면서 예배형식이나 의식이 사회적 가치를 생각하게 되었고, 이로써 종교는 사회와 관계를 단절할 수 없게 되었다. 모든 종교는 초자연적인 것에 인간이 전적으로 의존하려는 감정과 그리고 그러한 감정에 의해 발현되고 있는 신비감까지도 받아들이면서 원시종교에서 고등 종교로 진화해왔다. 이것은 원시종교가 고등 종교의 원초적 기초였다는 것이다.

사랑에 대한 시, 풍경에 대한 묘사, 자연에 대한 노래 등도 기분의 표현이며, 정서의 결과며, 감정의 구현이다. 이것은 인간의 내면에 잠재되어있는 감정의 표출일 뿐 종교성은 아니다. 모든 감정이 종교일 수 없듯이, 종교의 본질은 오직 정서로만 해석해서도 안 될 것이다. 그러나 종교적 감정, 떨림의 감정, 초월적 힘에 대한 인간의 누미노제 감정이 모든 종교의 종교성을 이루고 있었다는 점은 부정할 수 없다.

정서주의적 차원의 종교 정의를 다음과 같이 정리할 수 있을 것이다.

첫째, 종교는 초월적 존재에 대한 떨림, 두려움, 경외심, 혹은 초자연적 위력에 압도되며 발현된 감정의 표출이다.

둘째, 인간의 감정 그 자체가 종교의 예식이나 신앙으로 표현될 수는 있지만, 그 자체가 모두 종교적인 것은 아니다. 예술가들의 감정이 자연에 대한 표현으로 표출될 수는 있지만, 그 자체가 종교적인 것은 아니다.

셋째, 모든 종교의 시원은 원시종교다. 그러므로 고등 종교가 원초적인 종교적 정서나 감정 혹은 초월적 존재에 대한 감성을 부정·비판한다는 것은 잘못된 것이다. 이 정서나 감정 혹은 이러한 느낌이 결국 고등 종교의 시원이 된 것이다. 종교성은 절대적 존재나 존재근원에 대한 누미노제 감정이며 그것에 의존하려는 인간의 정서다.

제4강
주의주의적 차원에서의 종교 정의

주의주의란 이성이나 오성보다는 의지의 행위를 통하여 세계를 조
명하려는 인식론의 한 방법이다. 이러한 점에서 주의주의는 지성을 앞
세워 현상계를 규명하려는 주지주의와 대조적이다.

쇼펜하우어Arthur Schopenhauer는 의지Wille가 표상으로서의 세계를
있게 한 원인이며, 의지의 표출로 표상된 세계가 객관화되었다고 주장
한다. 이것은 의지를 표상으로서의 세계 그 자체An-sich der Welt로 인식
하려는 형이상학적 주의주의다.

의지의 작용을 어떻게 이해하느냐에 따라 주의주의의 입장도 달라
질 수 있다. 의지를 비합리적인 충동에 의해 자행되는 맹목적인 발동 정
도로 간주할 수도 있고, 목적에 따라 계획된 창조행위로 볼 수도 있으며,
인간의 심상을 움직이는 능동적 행위로 볼 수도 있다. 의지가 지성을 움
직인다는 주장도 있다.

종교는 초자연적인 것을 신이라고 믿는 신앙에 그 뿌리를 두고 있기
때문에 종교인에게 신앙은 절대적이다. 종교인이 신에 대한 합리적이

고 과학적인 인식을 초월해서 신과 조우遭遇했다고 느꼈을 때, 전신에 엄습해오는 희열감 같은 감정을 중요시하는 것은 이러한 이유 때문이다. 종교는 신을 믿으려는 의지와 행위를 상호관계 시키거나 잘 융합시켰을 때 인간의 삶에서 적극적이고 원초적인 기능을 발휘할 수 있다. 그래서 종교학자 중에는 종교의 본래적 사명을 인간의 의지와 행위의 표현 속에서 의미화하려 한다. 정도의 차이가 있기는 하지만 모든 종교는 절대 진리를 찾으려는 체계화된 조직이다. 그러므로 신에 대한 지식이나 감정만으로는 종교가 완전한 조직을 갖추었다고 볼 수 없다.

"행함이 없는 믿음은 죽은 것이다"(약 2:17)라는 성경의 말씀이 종교 일반에 의미하는 바는 크다. 종교인은 신을 믿으려는 신앙의지와 믿음을 구체적인 행위로까지 이어가려는 실천의지를 갖고 있어야 한다. 이 것은 종교를 의지의 결정에 의한 행함과 연계시키며, 인간에게 자유의지가 있음을 시사示唆하는 것이다. 종교를 의지의 결정과 연계하여 이해하려는 이러한 관점에서 본다면 주의주의 종교론은 일면 타당성을 갖고 있다고 할 것이다.

의지는 책임 있는 결정을 요구할 뿐만 아니라 책임의 내용까지도 결정한다. 한 가지 분명한 사실은 신앙행위나 특정 종교에 귀의하려는 행위도 인간 자신의 의지의 결정에 따를 수밖에 없다는 점이다. 인간은 이 세상을 살아가는 동안 모든 것을 자신의 의지대로 결정해야 하는 주체다. 그렇기 때문에 인간을 책임적 존재라고 한다.

주의주의에 편향된 종교학자들은 인간의 의지가 종교현상을 가능하게 한다고 주장한다. 저들은 인간이 생각하고 있는 것이 행위로 표현될 수 있다고 믿는다. 이러한 관점에서 저들은 종교를 포함한 모든 문화

유산을 인간의 의지가 남긴 결과로 해석한다. 이러한 학자들의 견해에 따르면 종교는 의지의 표현으로 드러난 형식이다. 이러한 종교는 결국 의지의 표출로 형성되는 주의주의적 종교형태로 우리에게 전해지고 있다.

이미 종교의 본래성에 관한 서술을 할 때도 말한 바 있지만, 인간은 인지認知 발달이 높은 단계에까지 이루지 못했을 때도 샤먼의 종교적 행위를 통하여 영험靈驗의 세계라고 믿는 현상에 접했으며, 이러한 현상에 대한 신앙의지가 저들의 종교를 형성했다. 자연 종교 대부분이 이러한 단계에 머물러 있다.

종교마다 인간의 본성을 이해함에 있어 서로 다른 입장을 견지하고 있지만 인간을 '하나님의 형상Imago Dei', '신을 닮은 존재theomorphisches Sein'라는 전제로 인간론을 가르치고 설명함에는 차이점이 없다.

인간은 삶의 현상과 직접 관계를 맺어가며 생존한다. 인간은 삶의 현상이나 주위환경과 관계를 끊고서는 결코 존재할 수 없다. 인간이 삶의 현상과 더불어 살아갈 수밖에 없다는 것은 인간의 조건이다. 인간을 인간 되게 하는 "삶에로의 의지Wille zum Leben"가 삶의 현상을 새로 만들고, 발전시키고, 더 높은 단계로 도약시킨다. 이것이 삶이다.

프랑스의 삶의 철학자 앙리 베르그송Henri Bergson은 인간의 본래성을 "창조적 진화"란 의미로 해석했다. 그의 지론에 따르면 인간은 부단히 창조하며 진화하고, 진화하며 창조한다. 그는 창조와 진화의 역동성과 추진력을 "삶의 약동élan vital"이라는 용어로 개념화했고, 삶의 현상을 설명하기 위해 이 개념을 도입했다. 인간은 사회구성원으로서 사회와 밀접한 관계를 맺고 살아가고 있을 뿐만 아니라 스스로 사회를 매개로 하여 행위를 하며 존재한다.

종교는 삶의 현상 중 하나로서 궁극적 실재에 대한 인간의 적극적 참여를 통해 가능한 형식이다. 셸러Max Scheler는 인간을 "세계 개방적 존재weltoffenes Wesen"로 규정했다. 인간은 필연적으로 자신의 환경과 불가분리의 관계를 맺고 살아갈 수밖에 없는 존재라는 것이다. 인간이 삶의 현상과의 직접 관계를 통하여 존재한다는 것은 결국 인간은 환경에 의존적 존재며, 환경을 자신의 목적에 따라 지배해가는 존재라는 것이다. 같은 맥락에서 포르트만Adolf Portmann은 인간을 "생리학상의 조산아physiologische Frühgeburt"로, 헤르더Herder와 겔렌Arnold Gehlen은 "결핍된 존재Mängelwesen"로 규정한다. 바로 이러한 조건 때문에 인간은 초월적 존재에 의존하려 한다.

인간은 초월적 존재, 성물聖物 등에 접하게 될 때 특별한 방식으로 반응하게 된다. 이러한 행위는 인간과 신과의 관계에서 예배나 기도, 예전 형식 등으로 표현되기도 하고, 신자와 성직자의 관계, 신자 간의 연대의식 등을 통해서도 활성화된다. 이러한 행위는 인간이 살아가는데 활성적인 원동력이다. 이것은 살기 위한 행위이며, 존재하려는 의지다.

우리는 살기 위하여 몸부림치는 삶의 현장을 곳곳에서 목격할 수 있다. 이것은 생존하기 위한 인간의 본능이다. 이러한 행위는 그 어느 동기보다도 강한 자극과 활력소를 점화한다. 위기상황에서 인간은 자신의 존재감을 강하게 표출한다. 이것은 한마디로 인간의 의지가 인간과 주어진 환경과의 관계에서 삶을 활성화하는 적극적인 추진력이라는 말이다.

인간의 의지는 의무와 관계가 있다. 인간의 행위는 목적에 의해 결정되고, 이러한 행위에는 책임이 뒤따르게 마련이다. 책임 없는 행위는 방종이고, 목적 없는 행위는 망동妄動이다. 이와 관련하여 칸트J. Kant는 종교를 신의 명령으로 인지하는 것으로, 브래들리F. H. Bradley는 선의 실재를 표현하려는 시도로 이해했다. 지고선을 전인적 삶으로 드러내려는 강한 의지행위가 종교라는 것이다. 신의 명령을 따라야 하는 의무와 실천의지를 종교의 윤리적 규범으로 보려는 행위는 윤리학과 일맥상통한다. 윤리학은 도덕률에 대한 실천의지를 규범화한 사회적 관계 법칙이다.

주의주의는 종교를 인간의 의지에서 표출된 산물로 간주한다. 다니엘 브린턴Daniel Brinton도 이와 유사한 견해를 갖고 있다. 그는 종교를 신의 의지와 인간의 의지가 융합되어 표출된 행위요 표현이라고 주장했다. 이러한 의지행위, 즉 신앙의지will to believe는 예배로, 종교적 제의로, 개인적 기도와 같은 형태로 나타날 수 있다. 혹킹W.E. Hocking도 이러한 견해를 갖고 있는데, 그는 종교를 하나님과의 끝없는 관계로 규정했고, 사바티에Auguste Sabatier는 궁극적 상황에서 신비한 능력과 상통하려는 것이라고 정의했으며, 캠벨R. J. Campbell은 초월적 존재와 인간 간의 관계로부터 시작하는 것이라고 주장했다. 종교가 창출되는 과정에서 예배는 매우 중요하다. 알렌 멩기스Allen Mengies나 게덴Alfred S. Geden이 종교의 본질을 예배에서 찾으려 했고, 예배를 가장 적절한 종교의 표현으로 보려는 것도 이러한 이유 때문이다. 심지어 사바티에는 기도라는 종교적 행위를 진정한 종교라고 역설하기까지 했다.

종교는 신에게 다가가려는 인간의 의지를 다양한 형식으로 표현한 삶의 현상일 뿐, 세계관이나 가치관 중의 한 부류는 아니다. 인간이 살아가는 데에는 여러 가지 것들이 필요하다. 그러나 인간은 도덕이나 윤리를 배워가면서 문화와 전통, 역사와 사회에 적응해가며 살아간다. 종교는 도덕률이나 윤리와 같은 인간적 삶의 가치규범들을 포함하고 있다. 심지어 인간과 사회의 관계에서도 이러한 규범들이 영향을 미치고 있다. 하지만 이러한 도덕률 자체가 종교가 될 수는 없다. 그것은 마치 종교가 도덕일 수 없는 것과 마찬가지다. 지상의 도덕도 원시종교를 능가할 수는 없다. 종교는 종교일 뿐이다. 종교는 신과 인간 간의 관계로 구성된 구조다. 그렇기 때문에 종교를 인간에 의해 정립된 사상이나 이념 같은 것으로 간주해서는 안 된다.

결론적으로 말해서 종교는 초월적 존재에 대한 신앙을 인간의 실존적 의지로 표출한 것이다. 이것은 인간의 의지가 종교발생의 한 요인이 될 수 있다는 말이다. 주의주의는 삶의 의지를 강조한다. 인간은 책임적 존재다. 인간은 어떤 상황에서도 스스로 결단하고, 책임을 질 수 있는 존재다.

종교는 전인적 결단을 요구하는 개인의 의지에 의해 신앙으로 결정結晶된 것이다. 하지만 인간의 의지는 상황에 따라 다양하게 나타날 수 있으므로 절대적인 표준이 될 수 없다. 이것이 주의주의 종교론의 한계다.

제5강
사회 가치 지향적 차원에서의 종교 정의

　　종교는 어느 한 동인動因이나 동기로부터 생성될 수 있는 현상이 아니고, 다양한 요인들이 서로 복합적으로 작용함으로 인해서 발생할 수 있는 실체다. 종교는 개인이 초월적 존재라고 믿는 실재와 조우遭遇하거나 초자연적 현상과 접했을 때 느껴지는 감정이이기 때문에 그것에 대한 지적 추구나 개인의 신념체계와 직접 관계가 있다. 이 점에 대하여 누구라도 반론을 펴기는 어려울 것이다. 다만 저들이 강조점을 어디에 두느냐에 따라 종교에 대한 심리학적 접근이나 현상학적 접근 또는 사회학적 접근이나 인간학적 접근 등등 다양한 방법에 따른 종교론이 전개될 수 있을 것이다.

　　종교는 어느 정의로도 만족하지 못하며 또 어느 정의가 완전한 것도 아니기 때문에 종교 정의의 유형은 다양할 수밖에 없다. 우리는 종교학자들의 종교관을 많이 접함으로써 종교 이해의 폭을 넓힐 수 있을 것이다. 그러나 이러한 태도가 행복한 것만은 아니다. 종교가 무엇인지 폭넓게 알기 위해 시도했던 결과가 오히려 종교 그 자체에 대한 이해를 모호하게 할 수도 있기 때문이다. 그렇다고 종교에 대한 이해를 포기할 수도 없는 것이 종교학의 현실이다.

종교학은 시대상황이 변하고 새로운 이론이 계속 창출됨에 따라 여러 관점에서 이해·해석되고 포용해야 할 것이다. 그것은 종교가 늘 변화해가고 있고 움직이며 새롭게 탈바꿈해가고 있는 사회와 깊은 관계가 있기 때문이다.

종교의 궁극적 목적은 인간을 행복하게 하는 것이다. 초로草露와 같은 인생을 한탄하며 허무주의에 빠진 사람들에게 영생을 소망所望하며 살아가도록 인도하거나 중생을 마음속의 번뇌와 정신적 고뇌에서 벗어나 마음의 평정을 얻도록 수행시키는 것, 세파에 찌든 인생을 천국신앙으로 위로慰勞하거나 피안에 대한 믿음으로 인생을 역경에서 벗어나게 하는 것 등등 이러한 것들이 종교의 목적이다. 어떤 종교든지 참된 종교는 인간을 행복에로 인도한다.

헬무트 플레스너H. Plessner는 인간만이 웃고 울을 수 있는 동물이라고 규정했다. 웃음과 울음은 인간의 희로애락을 직접 드러내는 삶의 현상이며 표현이다. 인간은 기쁠 때 웃고 슬플 때 울지만 웃을 때는 행복감을 느끼고 울을 때는 행복해지려는 욕망을 더욱 심화하게 된다. 울음은 삶의 고뇌, 슬픔, 두려움, 분노 등의 감정을 밖으로 분출시킴으로써 정신을 정화하는 카타르시스의 효과를 갖고 있다.

인간은 주어진 환경에 동물적 본능으로 반응하며 자신의 본성을 반사한다. 그러므로 인간의 본능적이고 반사적인 행태는 각자의 가치관이나 세계관, 사회-문화적 관심 등이 어디에 정향되어있느냐에 따라 다양하게 표출 된다.

누구나 생애에 한번쯤은 아름다운 대자연 속에서 창조세계의 비경秘境에 감탄하기도 하고, 시원始原의 소리를 듣는 듯 황홀해하기도하며 자연의 심미적 분위기에 심취되어 행복했던 경험을 갖고 있을 것이다. 행복이란 개인 각자의 가치기준에 따라 그 정도를 달리한다. 문제는 가치기준을 좌우할 수 있는 척도가 무엇이며, 인간의 궁극적 가치란 무엇인가라는 질문에서 그 해답을 찾아야 한다는 것이다.

우리는 삶의 여러 현상 중에서 종교를 빼놓을 수 없다. 삶이 사회적 현상이듯이 종교 역시 사회적 현상이기 때문이다. 이러한 점에서 종교를 인간에 잠재되어있는 사회가치에 대한 동경으로 이해할 수도 있을 것이다. 미국의 사회학자 조지 호만즈G. C. Homans는 인간은 사회적이므로 그들이 속한 집단의 유지와 존속을 위하여 활동하고, 상호 유기적으로 작용하며 반응하는데, 인간의 이러한 행위들은 사회적 이익이나 관심 때문에 촉발된다고 주장했다(Homans 1950: 108).

인간은 사회가치에 의해 규정되는 사회 내적 존재다. 사회학에서는 인간을 "사회적 존재"로, 종교학에서는 인간을 "종교적 존재"로 규정한다. 사회는 인간의 삶을 결정하는 후험적 실재a-posteriority고, 종교는 인간의 본성에 잠재된 선험적 실재a priority다. 인간의 삶은 가치를 지향하며 진행해가는 과정 중에 있다.

종교학자들은 종교를 가치체계의 결정체로 규정하려고, 종교사회학자들은 종교를 사회가치의 측면에서 규정하려한다. 그러나 종교에 대한 양측의 이해가 이 둘의 사이를 갈라놓을 정도로 차이가 있다거나 높은 장벽을 세워 차단해야할 정도로 이질적인 것은 아니다.

종교학자들 중에는 종교의 사회적 가치야말로 종교가 지향해야할

지상의 목적이라고 주장하는 이들도 있다. 이러한 입장에서 종교를 규명하려는 대표적 인물로 덴마크의 종교철학자 회프딩H. Høffding을 꼽을 수 있다. 그는 종교를 가치 보존의 실체로 간주한다. 또 한 명의 덴마크 종교 철학자인 크라릅프F. C. Krarup도 회프딩과 유사한 입장에서 종교를 가치체계로 이해했다. "인간은 개념으로 사는 것이 아니라 가치로 산다." 이것이 그의 명제다.

사회가치 지향적 차원의 종교 정의는 아래의 진술에서도 찾아볼 수 있다. 에임스E. S. Ames는 종교를 사회과정으로 규정하며, 사회적 가치가 종교적 행위의 척도라고 했다. 한마디로 말해서 종교란 사회가치를 보존하고 있는 것, 사회가치에 대한 의식이라는 것이다. 코우G. A. Coe의 정의는 더욱 분명하다. 그는 종교를 유일무이한 사상이나 특수한 가치로 귀결되는 유형이 아니고, 인간의 가치 판단에 따라 작용하는 일종의 내재적 운동으로 규정했다. 라이트W. K. Wright 역시 이러한 관점에서 종교를 사제들의 예식을 통해 사회적 가치를 보존하려는 행위라고 단정했다. 이것은 종교가 사회적 규범을 결정할 수 있는 가치체계까지 내포하고 있다는 것을 의미한다.

종교는 기존사회의 가치와 규범을 보존하려는 성스러운 행위(종교적 의식)일뿐만 아니라 사회적 가치 자체를 신성화神性化하는 기능이기도 하다. 종교는 개인적 신앙 때문이라기보다는 사회공동체와 결속된 가치 때문에 사회의 지도적 요인으로 역할을 하게 된다.

프랑스의 사회학자이며 유대인으로 랍비 교육까지 받은 에밀 뒤르켐É. Durkheim은 이러한 의미에서 종교를 사회적인 것으로 보았으며, 사회는 개인보다 더 위대하다는 생각을 피력했다.

아무튼 종교는 사회와 깊이 관계하면 할수록 더 깊이 그 본질을 사회에서 실현할 수 있다. 이것은 종교가 사회적 기능을 감당하는 기제機制로 작용한다는 것이다.

종교는 공동예배를 통하여 신자들을 공동체의식으로 함양하며, 사회에 대한 활동을 적극적으로 활성화한다. 신자들은 공동예배를 통하여 자신들의 정체성을 정립하기도 하고, 자신들이 속한 신앙공동체의 사회성을 발견하기도 하며, 종교가 사회와의 관계에서 견지하고 있는 가치의 신성함을 인식하게 된다. 종교는 사회가치의 보존체계이며, 개인 각자와 맺어진 관계보다는 개인과 개인 간의 관계에 의해 형성되는 사회형태다.

종교를 인간의 존재조건이나 누미노제 체험에 의해 변화된 의식으로 이해하기도 하고, 개인이 고독할 때 찾게 되거나 이러한 상황에서 느끼는 감정, 행동, 경험 같은 것으로 이해하기도 한다. 오트마르 스판 Othmar Spann은 종교가 인간의 삶에 그 어떤 것보다 우선한다는 점을 지적하면서, 인간만이 "초월자와 진정으로 접촉할 수 있는 본질을 지닌 고귀한 존재"라고 역설했다(Spann 1947: 1).

종교는 사회와 유기적 관계를 통해 개인의 신앙을 형성한다. 어느 한 개인이 사자死者와 영교靈交했거나 접신한 사건, 빙의憑依 등의 현상을 종교라고 할 수는 없다. 이러한 현상을 종교적 체험으로 간주할 수는 있겠지만, 그 자체를 종교로 인정할 수는 없다. 종교는 개인의 신비한 체험이 집약되어 만들어진 것이 아니고, 사회와 유기적 관계를 통해 형성된 사회공동체다. 뿐만 아니라 종교는 제도와 경전, 교리 등등 일정한 양식을 갖추고 있는 신앙공동체다.

지금까지 종교 정의에 관한 다양한 주장들을 살펴보았지만 대의적 견지에서 보면 두 가지로 분류-정리된다.

첫째, 종교의 본래성은 개인의 종교성으로부터 표출되기 때문에 종교는 처음부터 개인적 성향에서 생겨나는 현상이다.

둘째, 종교는 사회와 필연적 관계를 지속하며 사회의 가치체계를 형성한다.

우리는 종종 이 두 입장 중 어느 한쪽에 치우쳐 극단적인 종교생활을 하는 사람들을 만나곤 한다. 개인의 종교적 성향을 신성시하며 극단화된 종교는 신비주의적이거나 금욕주의적 색채를 띠게 되고, 종교의 사회성을 특정 이념으로 덧입혀놓은 종교는 집단주의적이거나 전체주의적 경향으로 이질화된다.

사회가치 지향적 차원의 종교 정의에 관해 지금까지 논의된 견해에 따르면 종교는 사회와 관계에서 형성되는 사회적 실체라는 것이다. 그렇기 때문에 사회의 보편적 가치를 부정하며 사회가치를 전도하려는 행위나, 탈속지상주의脫俗至上主義, 염세주의, 허무주의, 반사회적 광신주의 등등 삶의 정도正道를 이탈한 이러한 작태들을 종교에서는 결코 용납할 수 없다. 종교는 가장 사회적이고 적극적으로 사회가치에 의존할 때 가장 종교적이다.

사회가치 지향적 차원의 종교 정의에도 몇 가지 문제가 있다.

첫째, 종교가 사회가치를 지향하는 사회성을 가지고 있어야만 건전한 종교로 인정될 수 있는가? 종교 이외에도 사회가치를 지향하는 다양한 영역들이 인간의 삶을 형성하고 있다. 예컨대 문화나 예술, 과학이나 기술, 정치나 경제 등도 인간의 삶에 영향을 주는 요소들로 사회가치 지향적 측면이 강하다. 그렇다면 이들은 종교와 어떻게 다른가? 사회가치를 지향하는 종교만 가장 종교답다고 한다면 가장 적극적으로 사회가치를 지향하는 예술이나 다양한 문화적 현상들은 종교적 요소와 어떻게 구별될 수 있는가? 이 점이 우리가 좀 더 연구해 보아야 할 과제다.

둘째, 사회가치 지향적 차원에서 종교를 정의할 때 제기될 수 있는 문제는 사회를 어떻게 규정할 것이냐 라는 것이다. 사전적 정의에 따르면 사회는 2인 이상이 모여 결사한 단체다. 그렇다고 소수의 몇 명이 모여 인위적으로 조작해 만든 사교邪教를 사회구성의 조건을 갖춘 결사체라고 하여 사회가치 지향적 종교, 인류를 위한 보편적 종교로 인정할 수는 없다. 사회란 인간의 삶을 포괄할 수 있는 보편성을 지닌 실재여야 한다. 그러므로 사회가치 지향적 차원의 종교 정의 역시 광의적 의미에서 이해해야 한다.

셋째, 사회가치 지향적 차원에서만 종교의 정당성이 인정되는 것은 아니다. 사회가치 지향적 차원의 종교 정의도 다양한 종교 정의 중 하나일 뿐이다. 종교는 인간의 사회성에 의해 조직체로 구성되기 때문에 인간의 삶을 건전한 사회로 지향할 수 있도록 역할을 한다. 그러므로 사회가치가 종교를 구속하거나 또는 특정 사회의 정치이념으로 종교를 이념화하려 한다면 그것은 결코 종교가 될 수 없다.

덧붙이자면 종교는 다양한 해석, 다양한 차원에서 정의되어 질 수 있고 수용되어질 수 있다. 그렇기 때문에 종교에 대한 더 넓은 이해와 해석이 늘 요청된다.

제6강
종교비판적 차원에서의 종교 정의

종교학자들 중에는 종교에 대한 개인의 편견이나 선입견이 인간을 어떻게 오도誤導하는지 밝히는 것이 종교의 순기능에 대한 진술보다 더 의미 있다고 주장하는 이들도 있다. 저들의 논리를 빌리면 종교의 본질을 규정하거나 초월적 존재를 탐구하는 것도 중요하지만, 종교라는 미명으로 자행되는 잘못된 종교관을 찾아내어 그것을 제거함으로써 종교를 바른 길로 안내하는 역할도 중요하다는 것이다.

그 반면에 어떤 사람들은 종교에 관해 언급할 때 모든 종교는 특정한 신념으로 형성되기 때문에 이데올로기일 뿐이라고 단정하며 냉소적이고 부정적인 시각으로 종교를 보기도 한다. 이들 가운데 극단주의자들은 종교를 독소적이고 유해한 것으로 간주하며 종교 무용론을 펴기도 한다. 이러한 입장의 종교관이 종교비판적 종교 정의다. 이들은 종교의 순기능은 외면한 채 종교의 역기능만을 문제시하며 종교 자체를 부정적으로만 보려한다. 예컨대 기독교를 혐오하는 사람들은 기독교의 사회적 기능마저도 비판적 시각으로 보며 기독교 그 자체를 무조건 편협한 종교, 배타적 종교, 유대주의에 의지해 형성된 이방종교 등으로 단정하며 배척한다. 그러나 특정 종교에 대한 이러한 편견은 종교 간의 이해에 아무런 도움이 되지 못한다. 어떤 이들은 기독교가 문화에 미친 영향마저도 무가치한 것으로 간주하며 비판하는데, 이런 주장은 종교비판의 한계를 넘어서는 것이다. 기독교가 인류문화 창달에 공헌한 역사적 사실마저도 비판하거나 부정하는 종교비판론은 근본적으로 잘못된 것이다. 기독교는 반사회적이거나 문화역행적인 종교가 아니다. 기독교야말로 사회적 관계 및 문화의 보편적 가치를 존중하며 지향하는 종교다.

종교도 비판의 대상이 될 수는 있다. 하지만 종교의 역기능보다는 오히려 종교가 지니고 있는 순기능이 인류에게 더 많은 공헌을 해왔고 지금도 그렇게 하고 있는 현실마저도 비판의 대상이 되어서는 안 될 것이다. 이를테면 모슬렘은 이슬람 신앙에 비추어 기독교 교리를 비판할 수는 있겠지만, 그렇더라도 기독교가 기독교 문화권을 결속하며 그 사회에 미치고 있는 엄청난 영향력마저 부정·비판한다면 종교 간의 갈등만을 초래하게 될 것이다. 마찬가지로 기독교인은 불교교리가 기독교 교리와 다르다고 해서 불교 문화권 자체를 비판할 수는 없을 것이다. 다른 종교에 대한 비판을 위한 비판은 비판하고 있는 자신들의 종교마저도 비판의 대상이 되도록 하는 부메랑 현상에 직면하게 된다.

덧붙이자면 종교는 인간의 삶에 부정적으로 뿐만 아니라 긍정적으로도 작용하며 진화해왔다. 예컨대 이슬람교는 이슬람 문화권에서, 불교는 불교 문화권에서 이러한 진화과정을 거치며 세계종교로 오늘의 위상을 갖추게 된 것이다. 그렇기 때문에 종교를 오직 비판적으로만 보려는 것은 편협하기 그지없는 잘못된 것이다.

　카우프만Walter Kaufmann은 종교를 종교 자체와 무관하게 정의하며, 종교의 의미마저 변질해서 진술하는 종교 정의를 "사이비 정의"라고 비판한 바 있다(Kaufmann 1965: §33). 이것은 종교란 개념을 종교와 본래적인 관계를 통해 이해하려하지 않고, 오직 종교비판을 정당화할 목적으로 억지해석하려는 종교학자들에 대한 경고다. 종교를 이해함에 있어 자신들의 주장만을 정당화하려는 이런 종교관은 결국 종교 자체에 대한 이해를 왜곡시킴으로써 종교에 대한 정의 자체를 올바로 할 수 없게 한다. 종교와 문화 간의 관계, 종교와 사회 간의 관계 등을 인정한다면 특정 종교도 그 지역에서는 영향력 있는 실체로 인정해야 한다.

　보상케H. Bosanquet는 종교란 인간이 그것을 위해 순교할 수 있을 정도로 어떤 위력을 지닌 것으로 규정했다. 종교를 위해 목숨을 희생할 수 있을 정도의 각오가 필요하다는 것은 그만큼 종교가 한 인간에게 절대적이라는 것을 의미한다. 이에 따르면 종교는 인간이 살아가는데 있어도 그만 없어도 그만인 대상이 아니고, 그것을 위해 순교할 수 있을 정도의 가치를 가진 것이다. 이러한 맥락에서 보상케는 종교의 위대함을 역설했다.

　르낭Renan에 따르면 종교는 신앙과 직결되어있고, 신앙은 이성과 상관관계를 맺고 있기 때문에 이성의 산물인 과학이 그의 종교였다(Ibid.). 과학의 발전과정을 종교처럼 가장 확고한 신념으로 받아들인다는 것은 종교를 완전한 진리체계를 갖춘 과학의 차원에서 이해하려 한다는 것이다. 이것은 르낭의 종교관이 합리주의와 실증주의의 영향을 받아 정립된 것임을 극명하게 입증하는 것이다.

루트비히 포이어바흐Ludwig Feuerbach는 종교비판학자들 중에 대표적인 인물이다. 그는 자신의 저서 『기독교의 본질』(Das Wesen des Christentums)에서 "종교는 인류 최초의 간접적인 자아의식이다. … 종교는 인류의 유치한 본질이다"이라고 단정했다(Feuerbach 1969: 53). 종교를 자아의식의 표현으로, 그렇기 때문에 과학이나 학문의 관점에서 보면 천진난만하기 짝이 없는 것으로 규정한 것이다.

프리드리히 엥겔스Friedrich Engels는 종교를 "인간의 두뇌에서 착상된, 환상적 반영"(die phantastische Widerspiegelung, in den Köpfen der Menschen)이라고 단정했고,* 칼 마르크스Karl Marx는 종교를 "인민의 아편das Opium des Volks"이라고 폄훼했다.** 레닌Lenin은 "자연과의 투쟁에서 미개인의 무력함이 제신, 마귀, 기적 등과 같은 것에 대한 신앙을 불러일으켰듯이 수탈자들에 대한 투쟁에서 무력함이 보다 더 나은 피안의 삶에 대한 신앙을 불가피하게 창출했다"라고 비판했다.*** 한마디로 레닌은 인간이 무력하기 때문에 초자연적인 위력이 자신을 보호해 줄 수 있으리라는 믿음으로 종교를 만들었고, 수탈자들은 착취할 목적으로 종교를 만들어 복종과 공여, 그리고 희생을 강요했다는 것이다. 저들

---

* Friedrich Engels, *Anti-Dühring*, Werke, Bd. 20: 294, quoted in Franz Skoda, *Die Sowjetrussische Philosophische Religionskritik Heute* (Freiburg/Basel/Wien: Herder Verlag, 1968): 28.

** Karl Marx, "Zur Kritik der Hegelschen Rechtsphilosophie," *Aus Den Deutsch-Französischen Jahrbüchern* (1843/44), in *Die Hegelsche Linke*, ausgewählt und eingeleitet von Karl Löwith (Stuttgart-Bad Cannstatt: Friedrich Frommann Verlag, 1962): 256.

*** Wladimir Iljitsch Lenin, *Socinenija* (Moskau 1941-1960) Bd. 10: 65; deutsche Übersetzung: Werke, Bd. 10: 70f., quoted in Franz Skoda, *Die Sowjetrussische Philosophische Religionskritik Heute* (Freiburg/Basel/Wien: Herder Verlag, 1968): 28.

은 공산주의를 사회지배의 수단으로 도구화하기 위해 인간의 원초적인 믿음까지도 부정하며 무신론을 표방했다. 공산주의는 종교를 반사회적 의식체계로 규정하며, 백해무익하다고 비판하는데, 종교가 프롤레타리아 혁명을 수행하는데 반동적이었기 때문이다.

공산주의 종교비판을 정리해보면,

첫째 단계, 인간은 환상에 따라 초자연적이라고 상상한 위력적인 어떤 것을 창출해 냈다.

둘째 단계, 인간의 생활이 발전하면서 인간은 원시형태의 공동사회를 구성하기 시작했고, 이때 이미 종교가 사회를 이끌어가는 이데올로기 역할을 담당하게 되었다.

셋째 단계, 노예사회에서 종교는 착취계급의 도구로 전락했다.

넷째 단계, 봉건사회의 붕괴로 사회는 급격히 변혁되기 시작했고, 과도기의 사회적 불안함을 계기로 종교는 영생복락의 신기루를 퍼트리며 인간을 착취하는 계급으로 형성되어 갔다. 천국이 착취당하는 인민에게는 보상이었고 위로의 피난처였다.

다섯째 단계, 종교는 물질을 악하다고 세뇌하며 개인의 소유가 죄를 잉태한다고 역설한다. 이렇게 감언이설로 사유재산도 착취하며 성직계급은 사회의 지배계급으로 등장하게 되었다.

종교의 발전단계는 종교가 어떻게 인간을 착취하는 계급으로 만들어져왔는지를 설명한다. 종교의 각 단계는 발전될 때마다 보다 더 세련된 착취의 수단이 되었고, 사람을 착취하기 위한 목적으로 신앙을 내세웠다는 것, 이것이 공산주의의 종교비판론 요지다.

마르크스는 그의 초기 작품에서 "하나님이 나의 첫 번째 신앙이었고, 이성이 나의 두 번째 신앙이었으며, 인간이 나의 세 번째요 마지막 신앙이다"(Gott war mein erster Glaube, die Vernunft mein zweiter, der Mensch mein dritter und letzter)라고 진술한 바 있다(Van Leeuwen 1966: 252). 그 스스로 신본주의(유대교)에서 출발하여 이성주의(관념론)를 거쳐 프롤레타리아 중심의 민중주의(공산주의)로 자신의 신앙이 변화 되어 온 과정을 이렇게 고백한 것이다.

제7강
문화과학적 차원에서의 종교 정의

　　종교에 대한 정의는 이해의 지평에 따라 다양하게 진술된다. 이것은 마치 인간이란 무엇인가란 질문에 대하여 인간학, 의학, 생물학, 생명공학, 심리학, 사회학, 경제학, 철학, 신학, 교육학, 예술, 문학 등등 다양한 분야의 학자들이 각자 자신들의 관점에 따라 정의하더라도 인간의 본질이 무엇인지 총체적으로 규명할 수 없는 것과 같다. 인간에 대한 정의가 다양하다는 것은 각자 자신들의 관점에서 보면 자신들의 주장만 타당하다는 학자들의 학문적 독선주의 때문인데, 종교에 대한 정의역시 누가 어떤 입장에서 접근하느냐에 따라 이해의 다양성을 보이게된다.

　　종교는 인간의 현재적 삶에서 죽음 이후의 삶에 이르기까지 영향력을 미치고 있으며, 동시에 그 삶에 의해 영향을 받으며 진화되어간다. 하지만 각 개인의 세계관이나 가치관에 따라 종교에 대한 이해와 해석이 다르기 때문에 모든 종교 정의는 옳으면서 동시에 완전한 것은 아니다. 어쩌면 종교를 정의하려는 사람들이 서로 주장하는 것은 한 현상에 대한 시각의 차이, 비유적으로 표현한다면 군맹무상群盲撫象인지도 모른다.

아일랜드 극작가 버나드 쇼G. Bernard Shaw는 "종교는 하나뿐인데 그것에 대한 해석은 수 백 가지나 된다"(Cohen 1982: 358)라는 명언을 남겼다. 하나의 현상에 수많은 해석이 뒤따른 다는 것이다. 그는 이 한 문장으로 아무도 종교의 본질을 완벽하게 규명할 수 없다는 점을 피력하려 했다. 그렇다면 종교를 종합적으로 해석하고 포괄적으로 이해할 수 있는 가능성은 없는가? 종교에 대한 수많은 견해들을 모두 아우를 수 있는 하나의 유기체는 없는가?

종교는 인간에 의해 만들어진 문화현상이고, 문화는 종교를 비롯하여 모든 학문영역을 포괄하고 있는 실체다. 비근한 예로 문화는 종교의 어머니고, 종교는 문화의 딸이다. 이런 맥락에서 종교와 문화의 관계를 이해하면, 다양한 종교 정의를 하나의 유기체인 문화라는 모태母胎 안에서 종합적이고 포괄적으로 이해할 수 있을 것이다. 문화종교학이나 문화인류학은 종교와 문화의 관계를 이런 맥락에서 이해하고, '문화과학 Kulturwissenschaft'의 영역에서 이 둘의 관계를 규명하며 체계화해간다.

이런 입장에 극단적으로 대척되는 이론도 있다. 특히 파울 틸리히 Paul Tillich는 종교를 "문화의 실체"로, 그리고 문화를 "종교의 형식"으로 이해하며 해석하고 있다(Tillich 1950: 93). 한마디로 말해서 틸리히의 종교론은 신율문화론이고, 문화신학이다. 신학자인 그로서는 종교와 문화의 상관관계를 역설하면서 문화를 신율문화로 규정할 수밖에 없었을 것이다. 이에 반하여 문화인류학자 클리퍼드 기어츠Clifford Geertz는 종교를 문화의 영향을 받은 상징체계로, 엘리아데Mircea Eliade는 종교에 현상학적으로 접근하며 종교현상학으로 발전시켰다.

종교와 문화의 관계를 학문적 객관성에 입각해서 냉철하게 규명해본다면 종교는 문화의 한 형식일 뿐, 결코 문화의 실체나 문화현상의 류genus 개념이 아니다. 인간의 삶 자체가 한 현상의 기승전결의 과정을 거치면서 특정한 원리에 의해 학문화되고, 그 학문성이 다양한 분과를 이루며 문화의 종species 개념으로 형성된다는 것은 학문이론Wissenschaftstheorie의 기초다.

문화과학적 차원의 종교 정의란 무엇인가? 이 질문은 문화의 학문성이란 무엇인가에 대한 대답을 통해 규명될 수 있을 것이다. 문화는 사회 각계각층 사람들이 살아가며 각자 체험했던 삶의 형식과 내용을 서로 나누며 계승·발전하여 온 총체적 실체다. 일반적으로 정치, 경제, 사회, 역사, 전통, 종교, 문학, 예술, 음악, 연예, 정보, 과학, 기술 등등을 비롯하여 포스트모더니즘의 현상들까지도 문화라는 실체에 속한 영역들로 이해된다.

문화의 다양한 영역들을 포괄할 수 있는 하나의 유기체는 '문화의 학문성Wissenschaftlichkeit der Kutur'이 정립했을 때 비로소 그 정체를 드러내게 된다. 독일어권에서는 문화과학이란 개념을 정신과학Geisteswissenschaft 이란 개념과 거의 동의어로 사용하기도 한다. 영어권에서는 문화학cultural studies, 인문학humanities이란 학명으로 문화과학의 학문성을 대신하고 있다.

종교와 문화의 관계를 단순히 상관관계로만 이해하면, 이 두 관계에 대한 이해는 단조롭고 피상적일 수밖에 없다. 종교라는 문화현상이 어떻게 문화의 형식과 상징으로 해석될 수 있는지, 그리고 문화가 어떻게 상징화된 실체로 진화되어왔는지를 구명究明하는 것이 문화과학의 과제다. 그러므로 문화과학은 문화현상과 거기에 함유되어있는 상징성에 대한 탐구에 있어 전적으로 통일된 하나의 가치체계와 구조를 겸비하고 있어야한다.

문화과학적 차원에서는 종교를 주지주의적 입장에서 강조하는 지성적 요소, 정서주의적 입장에서 강조하는 감성적 요소, 주의주의적 입장에서 강조하는 의지적 요소, 그리고 사회가치 지향적 입장에서 강조하는 사회가치성 등을 모두 아우르고 있는 종합적이고 포괄적인 개념으로 정의한다.

하지만 종교를 이렇게 정의하려 한다면 종교의 모든 지평을 총체적으로 해석하며 수용해야 하는데, 이러한 시도에는 위험도 뒤따른다는 점을 감안해야 한다. 그 위험성이란 종교가 그 나름대로의 개성을 드러낼 수 없다는 것이고, 이렇게 개성이 없는 종교적 이해로 말미암아 종교의 진리가 상대화 될 수도 있다는 것이다. 문제는 종교적 진리를 보편적 가치로 환원하면서까지 종교의 정체성을 상대화해야하는가 라는 데 있다.

종교에 대한 진술과정에서 학자 개인의 신앙관이 다른 종교의 가치를 부정하거나 폄훼하며 배타해서는 안 될 것이다. 이러한 태도는 특정 종교의 신학이나 교의학에서는 용납될 수도 있겠지만, 종교에 대한 학문적 접근방식으로 간주할 수는 없다. 학자의 태도는 학문에 대한 연구에서만은 객관적이어야 하고, 연구의 대상에 대하여 학문사적으로 접근하며 진술해야 한다. 이것이야말로 학자적 양심일 것이다.

정리해 본다면 문화과학은 종교를 문화의 다양한 형식들 가운데 하나로 간주하며, 이러한 견지에서 종교의 본질을 규명한다. 따라서 종교에 대한 모든 정의가 문화의 개념에 포함되기 때문에 종교 정의는 문화이해와 맞물릴 수밖에 없다. 그렇다고 신율문화의 입장에서 종교를 정의하려 해서는 안 된다. 이러한 시도는 종교학을 신학으로 탈바꿈시킬 뿐이다. 종교에 기독교 신학의 옷을 입히면 '기독교 종교학'이 되고, 신학을 종교화하면 신앙의 정체성이 훼절毁節된 '종교신학'이 된다.

문화과학적 차원의 종교 정의에도 몇 가지 문제점이 있다.

첫째, 종교를 문화의 다양한 형식들 가운데 하나로 규정한다는 것은 문화가 종교의 다양한 원리를 결정한다는 것을 의미한다. 문제는 문화의 본래성에 의해 규정된 종교 정의가 객관적 일 수 있겠는가 라는 점이다.

둘째, 문화과학적 차원의 종교 정의에 따르면 종교는 결국 문화 없이는 존재할 수 없다. 문제는 신적 위력이나 절대적 존재까지도 문화의 정도에 의해 그 위력의 차이를 드러낼 수밖에 없다는 점이다.

셋째, 종교는 문화에 의해 기승전결의 과정을 거치며 신앙체계로 형성되었다. 문제는 문화의 가변성이 종교적 진리까지도 상대화하게 된다는 점이다. 이것이 문화과학의 한계점이다.

제8강
종교 이해의 다양성과 모호성

학문을 정립하는데 필요한 방법 중 한 가지는 학문의 생성·진화·발전 과정을 역사적으로 추구하고 나서 정의하고, 그렇게 함으로써 본질을 규명하는 것이다. 이것은 학문의 방법론이 각 학문의 기원에 대한 역사적 고찰을 거치며 발전된다는 것을 시사하는 것이다. 오늘날 학문이론Wissenschaftstheorie이 학문의 발생학적 원인을 추구하며 학문의 원리와 방법에 의한 정리 및 정의에 그 목적의 일부를 두고 있는 것도 이런 이유 때문이다. 학문은 그 기원에 대한 탐구와 주장, 해석과 정립의 과정을 거치면서 세분화되고 차별화되며 전문화된다.

종교에 대한 이론화작업 역시 학문화과정의 한 형식이다. 이것은 맹목적 신앙으로 종교에 접근하려 하거나 종교의 본질을 규명하려하기보다는 학문화과정을 거치며 정체성을 확립해야 한다는 것을 의미한다.

'종교란 무엇인가?' 이 질문의 핵심은 종교의 본질을 찾으려는 데 있다. 그러나 문제는 이 질문을 누구에게 하느냐에 따라 답이 달라진다는 것이다. 어느 종교에 속한 신자인가, 종교인이 아니더라도 어떤 종교적 세계관에 호의를 갖고 있는가, 또는 어떤 종교 문화권에서 성장한 사람인가에 따라 질문에 대한 대답은 천차만별千差萬別의 양상을 띠게 된다. 이렇게 되면 종교의 본질을 규명할 목적으로 던져진 이 질문이 의도했던 바와는 관계없는 다른 방향에서 귀결될 것이다. 우리는 종종 종교 간의 대화에서 이런 비참한 꼴을 보게 된다. 이러한 현상은 종교 자체가 그 종교 신자들에게는 절대적 가치와 목적을 함축한 것이기 때문에 상대방의 종교를 인정하지 않으려는 종교의 독단적이고 독선적인 배타성 때문이다.

배타주의 종교는 개인의 신앙이나 교리 등에 의해 종교 절대주의를 지향하려 하지만, 결과적으로는 종교의 보편적 진리와 사회적 기능에 역행하게 되어 종교로서 존재목적마저 상실하게 된다. 종교의 진리는 보편적이고 객관적이어야 하며, 합리적인 탐구태도가 곁들여져있어야 한다. 한마디로 종교도 과학적이어야 한다는 말이다.

종교를 학문의 대상으로 다루려 할 때 우리는 먼저 종교의 형식과 내용을 발생사적 관점으로 개관하며 접근해야 할 것이다. 이 과정에서 종교에 관한 범속凡俗한 상식은 배제해야 한다. 사회라는 실체가 학문화과정을 거쳐 사회학으로 형성되듯이, 종교 역시 이 과정을 거치면서 종교학으로 형성된다.

종교를 학문화하려면 무엇보다 먼저 종교현상을 다각도로 수집-분석하며 궁구하고 추리한 후, 정리-종합하며 체계적 지식을 형성해야 한다. 종교는 학문이론에 따라 보편적이고 객관적으로 다뤄야하며 과학적 지식을 기초로 발생과정의 분석을 통해 연구되어야 한다. 이것을 종교의 기원사라고 부를 수도 있고 종교의 발생학적 지식이라 지칭할 수도 있다.

종교는 물상계物象界의 현상이나 초월적인 것에 대한 인간의 심상心象에서 발단發端된다. 인간의 이러한 반사적 행동은 인간의 문화 속에서 보편적으로 드러나기 때문에 인간을 종교적이라 규정하는 종교인류학이 생겨나게 되었고, 인간이 초월적인 것에 필연적으로 의존해 있다고 하여 인간의 이러한 행위를 탐구하는 종교현상학 같은 특수한 부류들이 생겨나게 되었다.

아직도 지구상의 곳곳에서는 여러 형태로 종교적 행위들이 일어나고 있다. 엘리아데Mircea Eliade는 그의 주저인 『비교 종교형태론』(Patterns in Comparative Religion)에서 각 종족의 종교현상을 사실 그대로 서술했다. 아프리카의 에웨Ewe족은 "하늘이 있는 곳에 신도 있다"라고 믿으며 하늘에 대한 숭배를 한다. 오스트레일리아의 동남부 카밀라로이Kamilaroi, 위라쥬리Wiradjuri 종족은 천둥의 신神인 바이아메Baiame를 천공신天空神으로 믿으며, 오스트레일리아의 다른 종족 중에서도 천공신을 숭배하는 종족이 있다. 저들은 천둥, 번개, 바람, 무지개 등등 모든 자연현상을 천공신의 의지표명이라고 믿는다. 이들의 신앙은 대기현상과 관계가 깊다.

이집트나 고대 오리엔트 지역, 지중해 연안이나 인도네시아 여러 지역에도 태양을 숭배하는 종교형태가 있다. 중앙아메리카와 남아메리카에서는 옥수수 풍작을 위하여 제물이 된 처녀의 생피生皮를 벗겨 제사의식을 행하고 추수축제를 벌인다. 진혼굿으로 죽은 자의 영혼을 위로하고 산자와 죽은 자를 영매하는 무당들의 무속행위는 한국, 만주, 시베리아 지방의 특이한 종교현상이다.

　루돌프 오토Rudolf Otto는 대자연이나 초자연적인 것에 직면했을 때 엄습해 오는 외경심, 신비감, 위압감, 두려움 등등 이러한 종교성을 누미노제das Numinose란 개념으로 규정했고, 엘리아데는 희생제물, 망자 숭배, 성물聖物숭배, 자연숭배, 신계神界와 신령, 신탁神託, 종교적 상징 등등 종교심을 발현하는 이런 현상을 성현聖顯, hierophany이란 개념으로 규정했다.

　종교는 지리적 측면에서도 탐구될 수 있다. 종교지리학이란 학문이 그것이다. 이럴 경우 티베트, 인도, 중국, 만주, 시베리아, 한국, 인도네시아와 같은 아시아의 특수 지역들과 오스트레일리아, 아프리카, 남양 군도, 남북 아메리카, 북유럽, 지중해 연안 지역 등으로 나누어 종교지리를 만들고 비교연구할 수도 있다. 그런가 하면 원시시대에서부터 현대에 이르기까지 종교의 생성-진화-발전-과정을 시간적으로 분류하며 규명할 수도 있다. 그러나 종교현상은 동일한 지역에서도 각기 다른 양상으로 현현되며, 시간적인 차이가 없더라도 숭배형식에 따라 다른 양상으로 표현되기도 한다. 이것도 종교의 특성이다.

　종교를 전승되어 온 제도에 따라 구별할 수도 있는데, 이럴 경우 종교 간의 차이가 드러나기도 한다. 많은 사람들은 종교를 교회, 성당, 절, 모스크 등등 다양한 형태의 성소들로 연상하기도 하고, 목사, 신부, 스님, 이맘 등등 성직자의 칭호로 표상하기도 한다. 각 종교의 상징물이나 성물聖物에 신성을 이입해서 종교로 이해하기도 하고, 교리, 예배행위, 희생 의식, 제물, 고행, 구도행각求道行脚 등으로도, 또는 신비체험과 입신入神의 경지 등을 가리켜 말하기도 한다. 그리고 극락왕생이나 영생복락 등의 신앙을 예로 들며 말하기도 한다. 하지만 종교는 복합적인 요인과 삶의 현상이 얽힌 것이기 때문에 어느 누구도 종교의 본질을 완전히 규명할 수는 없다.

모든 종교현상은 초월적인 것과 연관되어 발생된 것이다. 그렇기 때문에 종교현상에 관한 지식이 아무리 많다고 하여도 초월적인 것, 그 자체를 완전히 이해할 수는 없다. 종교에 관한 지식은 종교의 본질에 대한 극히 일부분의 지식에 불과할 뿐이다. 예컨대 하나님에 관한 세상의 모든 규정과 정의를 다 알고 있다고 하여도 그것은 하나님의 존재에 대한 극히 일부에 불과한 한 토막의 지식일 뿐이다. 이 지식마저도 온전한 것인지는 아무도 모른다.

피조물이 창조주의 실체를 알 수 있다는 것은 조각 작품이 조각가를 알 수 있다는 것만큼이나 불가능한 것이다. 유한한 인간은 결코 무한한 존재인 신을 알 수 없다. 인간의 차원에서 신에 관해 진술한 것들을 신학자들은 신학이란 학문으로 정립했지만, 저들 역시 신의 존재를 극히 일부 추상했을 뿐이다. 종교에 대한 이해 역시 종교에 관한 극히 일부분의 지식에 불과할 따름이다. 종교에 관해 많이 알면 알수록 그 종교를 더 잘 알 수 있다는 것은 이런 점에서 사실상 모순이다. 종교를 얼마나 깊이 이해하느냐가 중요한 것이지 종교에 관해 얼마나 많이 아느냐가 중요한 것은 아니다. 종교는 인간의 정신활동에 의해 작용하는 지정의知情意와 삶의 현상이 혼합된 상태에서 발생될 수 있는 문화의 한 현상이기 때문에 어느 누구도 종교에 관해 모두 안다는 것은 불가능하다.

결론에 대신하여 전술前述한 바를 정리해본다.

첫째, 진정으로 종교를 논하려 한다면 종교의 본질규명에 목적을 두어야 할 것이다. 종교현상에 대한 객담客談으로 종교를 논하려 해서는 안 된다는 말이다.

둘째, 인간은 누구나 자신만의 종교를 하나씩 가지고 있다. 무신론자의 종교는 무신론이다. 그러므로 종교에 관해 많이 알고 있다고 하더라도 그 지식이 나의 종교관과 일치하는 것은 아니다.

셋째, 종교는 시대와 상황에 따라 그때마다 다르게 이해된다. 그렇기 때문에 종교에 관한 잡다한 지식으로 한 종교를 이해하려 한다면 결국 종교상대주의나 종교혼합주의에 빠질 수밖에 없다.

넷째, 종교현상이 종교를 이해하는데 중요한 요소가 되기는 하지만, 종교에 대한 다양한 이해가 종교의 모호성도 된다는 사실을 간과해서는 안 될 것이다. 역설적이게도 종교에 대한 이해에는 다양성과 모호성이 공재한다.

다섯째, 종교는 획일적으로 이해될 수밖에 없는 이념이 아니다. 이것은 종교에 대한 다양한 이해에는 종교의 모호성도 포함되어있다는 것을 의미한다.

여섯째, 종교는 종교현상에 대한 지식체계가 아니고 믿는 것, 그 자체다. 신은 지식에 의해 알려질 수 있는 존재가 아니고, 믿음으로 증명된다. 신에 관해 얼마나 많이 아느냐보다 신을 어떻게 믿느냐에 따라 종교인의 신앙행태가 달라진다.

제9강
종고의 개념사적 서술

한자로 표기하는 '宗敎'라는 용어는 모든 것의 으뜸이 되는 근본 가르침을 뜻한다. 종宗은 "진리를 깨우친 최고의 경지"라는 뜻을 가진 중국 불교에서 유래하고, 교敎는 각각의 양태에 따라 가르친다는 뜻을 가진 것이므로, '宗'과 '敎'의 합성어인 '宗敎'란 근본 진리를 가르쳐 표현하는 것이라는 의미가 된다.

서양에서 종교를 뜻하는 'religion'은 라틴어 'religio'에서 유래한 단어다. 캔트웰 스미스Wilfred Cantwell Smith에 따르면 고대 로마인들은 *religio*를 의례, 제의rite, "관습의 외식적 제례"라는 뜻으로 사용했다. 하지만 *religio*의 어원에 대한 해석에는 아직까지도 이론이 분분하다(Smith 1964: 23-24).

기원전 1세기 로마의 두 저술가들은 *religio*라는 말을 삶의 현상과 직접 연관시키며 광의적으로 사용했다. 루크레티우스Lucretius는 그의 유명한 시 『사물의 본성에 관하여』에서 *religio*에 대한 부정적 태도를 표명했다. 그는 *religio*라는 개념을 "사악한 불경"이며 비인간적인 행위로 간주했다. 그는 *religio*를 하늘에서 무시무시한 얼굴로 인간을 노려보고 있는 탐욕스러운 괴물로 비유하면서, 그의 신은 이러한 공포로부터 인간을 자유롭게 해주는 역할을 한다고 서술했다.

키케로Marcus Tullius Cicero는 *religio*라는 개념을 '다시 읽다'(wieder lesen)라는 뜻의 '*re-legere*'에서 유래한 단어로서 경전이나 의례문을 반복해서 다시 읽음으로써 예배나 종교의식을 엄숙하게 진행해 가는 것으로 해석했다.

4세기경 락탄티우스Lucius Lactantius는 *religio*를 '재결합하다', '함께 묶다'라는 '*re-ligare*'에서 유래한다고 풀이하면서, "인간이 신앙의 끈으로 하나님과 묶어졌다"라는 의미로 이 말을 사용했다. 그 당시 기독교 문화권에서는 *religio*라는 용어를 신과 인간의 관계가 아담의 죄로 끊어졌다가 예수 그리스도로 말미암아 '다시 회복됐다', '다시 결합했다'라는 의미로 통용했다. 이러한 개념 해석에 따라 아우구스티누스Augustinus는 기독교만 참된 종교라고 역설했다.

이러한 전통은 로마 제국의 세력 확장과 더불어 서구 문화권으로 확산되었다. 이러한 여세에 힘입어 *religio*는 구속사적 상징성이 담긴, 신인 결합의 추상적 의미와 기독교만을 가리키는 구체적 의미를 모두 포함한 개념으로 쓰이게 되었다.

*religio*라는 개념을 종합적으로 집약하며 사용한 첫 인물은 토마스 아퀴나스Thomas Aquinas다. 그는 『신학총론』에서 *religio*라는 용어가 도덕적 가치를 지닌 개념인지, 신학의 본질을 포괄하고 있는 개념인지 구별하며 사용했다. 그는 *religio*를 신앙에 대한 외적인 표현이며, 하나님에게 예배를 드리려는 인간의 내적 동기며, 하나님과 인간의 영혼을 재

결합하는 행위로 간주했다. 중세 신학의 전성기 이후 *religio*라는 용어는 기독교와 동의어로 널리 쓰이게 되었다.

이탈리아의 르네상스 휴머니즘은 인류사의 새로운 물결을 몰고 와서 근세를 준비하기 시작했다. 기술, 발명, 발견, 개혁 같은 시대정신에 영향을 미쳤던 요인들과 급변하는 세계관이 중세신학의 독점무대에 도전하기 시작했고, 신학의 독단에 대한 투쟁을 준비하기에 이르렀다.

1474년 이탈리아의 인본주의자 피치노Marsilio Ficino는 "*religio*는 기독교가 아니다"라는 점을 강조할 목적으로 자신의 책 제목에 '기독교'라는 낱말을 덧붙여 『기독교 종교에 관하여』(*De Christiana religione*)를 출간했다. 한마디로 '기독교만 *religio*'라는 통념을 부정한 것이다. 기독교도 여러 종교 가운데 하나로서 다른 종교와 마찬가지로 신앙형식과 교리 등만 다를 뿐이라고 인식한 것이다.

종교개혁기에 들어서면서 '기독교 종교*Christianae religionis*'라는 말이 사회 전반에 걸쳐 널리 쓰이기 시작했다. 1536년 칼뱅Jean Calvin은 라틴어로 『기독교강요』(*Institutio Christianae religionis*)를 출간했는데, 그 역시 기독교를 피치노처럼 *religio*로 인식했다. 아우구스티누스는 기독교만 '참 종교'라고 주장했지만, 칼뱅은 기독교도 종교들 가운데 하나로 인식했다.

18세기에 접어들면서 계몽주의 사상가들은 *religio*라는 개념을 광의적으로 사용했다.

첫째, *religio*를 유대교, 기독교, 이슬람교, 힌두교, 불교, 도교, 유교 등등 특정 종교를 지칭할 때 사용했다. 이것은 *religio*가 신앙이나 신념, 상징, 예배 형태, 윤리적 규범 등등 문화 현상의 구체적인 형식과 내용이 포함된 형태로 통용되고 있었다는 것을 반증하는 것이다. 이러한 관점에서 본다면 종교는 문화의 실체가 아니고, 문화의 형식에 불과할 뿐이다.

둘째, *religio*를 신념이나 윤리적 규범을 설정하는 것으로 간주했다. 종교를 '가시적 대상'으로 인식하기보다는 종교란 '무엇이어야 하고, 무엇이 되어야 한다'라는 관점이 여기에 반영되어있었다. 이 경우 *religio*는 인류사에서 생성-진화-발전하며 영향을 끼쳐왔던 점을 입증해야 할 것이다.

셋째, *religio*를 종교의 보편적 의미로 사용했다. 이 경우에는 '참 종교'와 '거짓 종교', 종교와 미신을 어떤 기준으로 구분해 낼 것인가라는 문제에 봉착하게 된다(Comstock, gen. ed. 1971b: 20-21).

종교를 뜻하는 라틴어 '*religio*'라는 개념을 '종교적 천성이 있는 민족이 따로 있다'는 편견에 사로잡혀 특정 민족에서 유래한 것이라거나 그 민족의 종교성에 부합하는 것이라고 주장해서도 안 될 것이다. 예컨대 이스라엘 민족이나 그리스인, 게르만인, 켈트인, 인도인 등과 같은 창조신화에서 종교적 의미를 찾으려는 민족에게서 *religio*에 대한 포괄적 의미를 찾을 수 있다고 주장하는 것은 종교를 가시적 대상으로 인식하고 있는 편협한 지식 때문이다. *religio*라는 개념의 유래와 의미를 특정한 민족에게서 찾으려 한다면 저들의 언어에서 종교의 기원을 추적해야 할 것이다. 이것은 종교개념의 특수성을 특정한 민족의 역사나 정신에 제한하는 것이다. 이러한 시도는 종교를 종교로 다루기보다는 어원학적으로 추구하려는 폐쇄적 행위에 불과할 뿐이다.

이상의 진술을 통해 우리는 *religio*라는 개념이 여러 관점에서 해석될 수 있고, 그리고 그것이 의미하는 바가 다양하게 이해될 수 있다는 점을 알게 되었다. 그뿐만 아니라 *religio*라는 말이 때로는 특정한 종교를 가리키는 개념으로 사용되기도 했고, 때로는 신념이나 윤리적 규범을 설정하는 본질로, 때로는 종교 일반을 가리키는 보편적 개념으로 사용되기도 했었다는 것도 밝혀낼 수 있었다.

우리는 *religio*라는 개념이 민족이나 국가라는 특정 범주를 초월해서 절대적 존재에 대한 신앙, 예배, 종교의식 등의 복합적 관점에서 이해될 때 그 개념은 우리가 규정하려는 보편적 종교개념과 일치한다는 점을 발견할 수 있었다.

우리는 *religio*라는 개념이 경전을 반복해서 '다시 읽음'이냐, 하나님과 인간의 '재결합'이냐, 또는 특정한 종교를 지칭하기 위해서 만들어낸 용어냐, 예배행위라는 의미로 사용해야 하는 용어냐 라는 이러한 논쟁이 더 이상 의미가 없다는 것도 알게 되었다. 단적으로 말해서 *religio*라는 개념은 시대와 상황에 따라 다양한 의미로 해석되고 이해되기 때문에 그 용어를 특수한 목적을 위해 제한하거나 독점적으로 사용해서는 안 된다.

결론에 대신하여 몇 가지 문제를 제기해 본다.

첫째, *religio*라는 개념을 어떻게 이해-수용해야 하느냐?

둘째, *religio*라는 개념을 특정 종교에 제한해서 사용해야 하느냐, 그렇지 않으면 보편적 종교성과의 관계 맥락에서 이해해야 하느냐?

이 문제는 종교절대주의와 종교상대주의에 대한 이해와도 맞물려 있다. 문제는 종교의 본질에 대한 이해의 지평에서 이러한 문제에 접근해야 한다는 점이다(Comstock, gen. ed. 1971b: 20-21; Mensching 1959; Smith 1964: 23-24; RGG; 한숭홍 1987: 89-95).

제10강
종교학의 역사적 서술

　19세기는 학문의 형식과 내용을 체계적으로 분류하여 범주화하면서 학문이론Wissenschaftstheorie을 정립한 의미 있는 세기였다. 중세의 종말과 더불어 열린 근세는 새로운 세계관을 펼쳐주면서 기독교 신학의 시녀로서 역할을 담당하고 있던 철학의 독립을 촉진했다. 근세의 이와 같은 시대적 변화로 말미암아 가장 영향을 받은 학문은 철학이다. 철학은 인문·사회 계열의 여러 학문에 '철학함Philosophieren'이라는 공통분모를 제공하며 학문의 학문으로 영향력을 확대해 갔다.

　이렇게 본다면 르네상스 이후의 인본주의적 세계관과 근세에 이르러 체계화된 수리·물리학적 우주관은 모든 진리의 체계를 합리주의적 사변을 통하여 해석하려는 새로운 인간 의지의 독립이었다고 해도 과언이 아닐 것이다. 이로써 철학은 학문의 원리를 제공하는 최고 원리의 학문이라는 영광의 권좌에 올라앉게 되었고, 학문의 어머니로 일컬어질 정도로 위상이 제고되었다. 그런데 이런 영광의 권좌, 절대권한이 오래가지 못하고 무너지기 시작한 것이다.

19세기에 접어들면서 철학은 많은 자녀들을 그녀의 품에서 분가시켰다. 자녀들이 성숙하였으므로 각자 그들의 길을 가도록 기회를 주어야 했다. 철학으로부터 사회학, 정치학, 경제학, 심리학, 역사학, 교육학, 언어학, 문학 등등 다양한 학문들이 잇달아 독립되면서 종교학도 독자적인 길을 택하게 되었다. 종교학이 독립되어 활동한 첫 작업은 종교의 원형을 추적해 종교의 기원을 구명究明하는 것이었다. 이를 위해 종교학은 고고학, 인류학, 사회학, 민속학, 역사지리학 등등 이러한 학문들과 밀접한 관계를 갖게 되었다. 종교학과 다른 학문과의 밀착은 종교학의 학문성을 한층 더 고조해주는 결과가 되었다.

19세기부터 종교의 기원을 밝혀내려는 학자들의 끈질긴 노력과 인류의 역사-문화-생활양식에서 인간의 종교성을 구명하려는 작업으로 인하여 종교학은 단기간에 괄목할 만한 발전을 하게 되었다. 물론 저들에 앞서 종교학의 초석을 세운 선구자들의 선행연구가 이러한 발전의 단초가 되었던 사실을 간과해서는 안 될 것이다.

18세기에 이미 일군의 학자들은 간헐적으로나마 종교에 관심을 갖고 탐구하기 시작했으며, 다른 문화권의 종교현상으로부터 수집한 자료들을 토대로 종교의 기원에 관한 다양한 이론들을 제기하기 시작했다.

비앙키Ugo Bianchi는 자신의 저서 『종교사』(*The History of Religions*)에서 종교학 발전사를 체계적으로 진술하고 있다(Bianchi 1975: 61-62). 예수 교단의 선교사인 라피토Joseph-François Lafitau 신부의 저서 『아메리카 인디언의 풍습과 원시시대 풍습의 비교』(*Moeurs des Sauvages Amériquains, Comparées aux Moeurs des Premiers Temps*, 1724)는 당시로서는 대단히 귀중한 종교학 자료였다. 드 브로스Charles de Brosses의 『주물숭배의식』과 베르지

에N. S. Bergier의 『사교신의 기원』이라는 저서들도 종교와 인류학 분야를 개척하는데 일조했다. 이러한 자료의 공통점은 종교가 고대 세계관과 인류학이 복합된 사회에서 생성-진화-발전되었다는 것이다.

정령숭배론의 창시자며 인류학의 아버지로 부르는 타일러Edward B. Tylor를 비롯하여 꿀랑쥐N. D. Fustel de Coulanges, 바흐오펜J. J. Bachofen, 프레이저James G. Frazer, 로데E. Rohde 등의 학자들은 고전 연구와 인류학의 관계에서 종교의 본질을 밝혀내려는 대표자들이었다(Bianchi 1975: 61-62).

19세기 후반에 이르러 유럽의 여러 대학교에 「종교학」이나 「종교사」 또는 이와 유사한 학명을 가진 강좌들이 잇달아 개설되기 시작했다. 1868년에는 제네바 대학교에 「일반 종교사」라는 강좌가 개설되었고, 5년 후인 1873년에는 종교학 전임 교수직이 신설되었다. 1877년에는 네덜란드 라이든 대학교에, 그리고 1878년에는 암스테르담 대학교에 종교학 교수직이 신설되었다. 그 뒤를 이어 1879년에는 파리 대학교에 종교사 강좌가 개설되었고, 1884년에는 브뤼셀 자유대학교에 종교사 강좌가 개설되었다(Bianchi 1975: 27-29). 독일에서는 1910년에 베를린 대학교에, 그리고 그 뒤를 이어 라이프치히 대학교와 본 대학교에 종교학 강좌가 개설되었다.

유럽 대학교들이 종교학에 관심을 갖기 시작하면서 종교학에 관한 전문 학술지도 등장했다. 프랑스에서는 베르네M. Vernes에 의해 『종교사 잡지』가, 그리고 독일에서는 1885년에 『선교학과 종교학을 위한 학술지』와 아켈리스Thomas Achelis에 의해 프라이부르크에서 『종교학 논총』이 간행되었다. 1905년에는 빌헬름 슈미트Wilhelm Schmidt가 비엔나에서 원시종교 연구를 목적으로『안트로포스』란 잡지를 간행했다. 1910년에는 파리에서『종교학 탐구』라는 학술지가 간행되었다. 1925에는 이탈리아의 볼로나(후에 로마로 옮겨졌음)에서『종교사의 연구와 자료』란 잡지가 라파엘로 페타쪼니Raffaelo Pettazzoni에 의해 간행되었다.

미국에서 나온 종교학 학술지로는 1921년 시카고 대학교에서 간행된『종교학 잡지』와 1936년 콜롬비아 대학교에서 간행된『종교학 평론』이 있다. 독일에서는『종교학 논총』이 1942년에 폐간된 후『종교 및 정신사 잡지』란 종교학 학술지가 1948년에 마르부르크에서 창간되었고, 라이든으로 잠시 출판지를 옮겼다가 쾰른에서 정기적으로 간행되고 있다.

제2차 세계대전 이후 창간된 세계적인 수준급의 종교학 학술지로는 다음과 같은 것들이 있다.『누멘: 종교사 국제 평론』(Numen: International Review for History of Religion: Leiden, 1954),『유헤머』(Euhemer: Warsaw, 1956),『종교사』(History of Religions: Chicago, 1961),『종교의 역사와 문헌 레뷰』(Rivista di Storia e Letteratura Religiosa: Turin, 1965),『테메노스: 비교종교학 연구』(Temenos: Studies in Comparative Religion: Helsinki, 1965),『종교』(Religion: Newcastle/Tyne, 1972) 등등. 대학교의 종교학 강좌 개설과 전문 학술지들의 간행으로 종교학은 연구의 지평을 점점 넓혀가게 되었다(Bianchi 1975: 27-29).

학문은 인식의 대상에 대한 입장과 관점에 따라 대립·갈등의 과정을 거치며 독자적으로 정체성을 확립하게 된다. 예컨대 물리학의 분야에서 입자설과 파동설의 대립이라든가, 경제학 분야에서 미시경제학과 거시경제학의 대립이라든가, 기독교 신학에서 창조론과 진화론의 대립이라든가 하는 논쟁들은 학문의 정체성에 대한 이해의 차이에서 비롯된 것들이다. 종교학도 동일한 종교현상에 대한 다양한 해석과 주장, 이론 대 이론의 대립-갈등 등의 과정을 거치면서 진화-발전을 계속하고 있는 학문이기 때문에 학문화하는 과정에서 이론異論이 분분할 수밖에 없다.

19세기 이후 종교학이 학문이론을 도입하면서부터 종교학의 위상은 다른 학문과 대등한 수준으로까지 제고되었다. 종교학자들은 종교의 기원에 관해 다양한 각도에서 그 다양한 만큼이나 많은 학설들을 주장하며 학파를 형성하게 되었다. 그러므로 종교학을 이해하기 위해서는 무엇보다 먼저 종교학이 생성되었던 객관적 요인을 추적해보고, 이에 근거를 둔 각 종교의 본질과 사회적 관계를 이해하고, 그리고 그 종교들이 어떤 과정을 거치며 다양하게 이론화되었는지 학자들의 여러 가지 주장들을 종합해서 종교학에 대한 이해를 도모해야 할 것이다.

제11강
자연신화론

　자연신화론 학파는 19세기에 비교언어학, 인류학, 철학, 심리학 등과의 밀접한 관계를 맺으며 형성되기 시작했다. 이 학파는 언어학적-종교사적 탐구방법으로 민족의 신화나 민속학적 자료들을 수집·분석하며 종교의 원형을 찾으려 했다. 슈바르츠S. W. Schwarz의 『신화론의 기원』(1860), 쿤Adalbert Kuhn의 『불(火)과 주신酒神의 유래』(1860), 판드리Pandry의 『신화의 해석』(1865), 부르노프E. Bournouf의 『종교학』(1870), 브레알M. Bréal의 『비교 신화론 연구』(1863)와 『신학과 언어학의 혼합』(1878), 마이어E. H. Meyer의 『인도게르만 신화』(1883), 플로아Ch. Ploix의 『신들의 본성: 희랍-라틴의 신화론 연구』(1885) 등등 이러한 저서들은 자연신화론의 종교학적 방향과 가능성을 선구적으로 제시한 것들이다(Titius 1937: 194). 그 반면에 렙시우스K. R. Lepsius는 이집트 신화에서 종교의 역사적-신화학적 생성을 규명하려 했다.

　호머Homer는 신들을 물, 불, 공기, 흙, 태양, 달, 별 등이 의인화된 종교적 상징이라고 했고, 엠페도클레스Empedokles는 만물의 뿌리rhizomata

인 물, 불, 공기, 흙 등 네 원소가 사랑*philotes*과 미움*neikos*의 혼합 원리에 의해 생성한 것이 자연이라고 했다. 자연을 생성한 이 원소들을 신성神性의 다양한 성질로 본 것이다. 이런 자연철학적 세계관은 매우 오랫동안 계승되어 오면서 때로는 수용되기도 하고, 때로는 배척되기도 하면서 지속되어 왔다.

하늘을 신으로 우러러보는 천공신앙이라든지, 세계 어디에서나 공통성을 찾을 수 있는 바닷가 원주민들의 바다신앙이라든지, 농경지에서 발견할 수 있는 대지신앙 등과 같은 것은 이런 자연신화론의 방법론을 강하게 뒷받침해주고 있다. 막스 뮐러Max Müller, 파울 에렌라이히Paul Ehrenreich, 프리츠 랑거Fritz Langer 등이 자연신화론의 대표 주창자들이다.

막스 뮐러의 종교론

독일 태생의 영국 옥스퍼드 대학교 종교학 교수였던 막스 뮐러 Friedrich Max Müller는 고대 인도의 브라만교 경전인 리그베다Rig-Veda를 서양어로 번역한 후 25년(1849-74)에 걸쳐 6권으로 편집해 출판했다. 이로써 그는 인도유럽 언어연구의 선구자적 업적을 남겼으며, 서구인에게 더 넓은 종교적 세계관의 파노라마를 펼쳐 보여 주었다.

뮐러는 동양 종교의 경전들을 번역하는 외에 많은 저서들과 글들에서 자연신화론을 부각해서 강조했다. 『비교 방법론』(1856), 『종교학 논고』(*Essay on the Science of Religion,* 1867), 『종교학 입문』(1873), 『종교의 기원과 성장에 관한 강좌』(1878), 『신화학의 공헌』(1897) 등이 그의 대표작들이다. 그는 이 저서들에서 자연현상에 대한 인간의 미학적 동기를 강조했는데, 독일의 관념론과 셸링Schelling의 영향을 받은 것이다. 그리고 그의 사상에 깊이 침잠沈潛해있는 심미적-자연주의 성향을 미루어 보아 낭만주의 영향도 깊이 받았음을 알 수 있다.

뮐러는 종교를 '무한자에 대한 지각'이라고 규정했고, 인간의 도덕성 형성에 결정적 영향을 준다고 역설했다. 그는 언어의 역사를 종교 개념의 창조사로 간주하며, 괴테의 명언인 "하나의 언어만 아는 자는 아무 언어도 모른다"라는 표현을 빌려 "하나의 종교만 아는 자는 아무 종교도 모른다"란 말을 했다. 이 말이 시사하듯이 뮐러는 다양한 종교들을 알기 위하여 구체적인 노력을 기울였다. 어느 한 종교의 현상이나 본질을 이해하려면 가능한 한 많은 종교들을 비교해가며 연구함으로써 더 잘 알 수 있다는 점을 강조한 것이다. 그는 종교 간의 우열을 판단하기 위한 판정수단으로 종교를 비교 연구하려는 것이 아니고, 각 종교의 본질을 대조하여 공통성을 찾아보기도 하고 독특성을 부각하여 이해하기도 하려는 데 그 목적이 있음을 분명히 밝혔다.*

이런 확신을 갖고 그는 계속 종교연구를 위한 방법을 개발해 갔으며, 1870년 영국의 왕립연구소에서 행한 강연 「종교학을 위한 변명」 (Plea for a Science of Religion)에서 종교에 대한 비교연구가 어느 한 특정 종교의 전통신앙을 위협하지 않을 뿐만 아니라 오히려 그 종교를 더 정확하

---

* 종교학자들 중에는 막스 뮐러(Friedrich Max Müller)가 *Chips from a German Workshop* (London: 1867) 제1권 권두언에서 "종교과학", 혹은 "종교의 비교연구"라는 용어를 처음으로 사용했다는 사람들이 있다. 그런가하면 뮐러가 1870년에 그의 강연에서 처음으로 "종교학"이란 말을 썼다고 주장하는 학자들도 있다. 어떤 이들은 뮐러보다 먼저 1852년에 레블랑(Abbé Prosper Leblanc)이 그리고 1858년에는 스티펠하겐(Stiefelhagen)이 산발적이고 좀 다른 어감을 포용하기는 했지만 "종교학"이란 말을 사용했다고 주장한다.

고 완전하게 이해할 수 있도록 한다고 역설했다. 청중의 대다수가 기독교인이었던 상황에서 그의 주장은 곧 기독교에 대한 새로운 연구방법을 제시한 것이라고 평가할 수도 있을 것이다. 이 강연에서 그는 "종교학은 세계 종교들 중에서 기독교가 차지하는 위치를 분명히 보여줄 것이며, 때가 찼다는 말이 무엇을 의미하는지 진실로 보여줄 것"이라고 역설했다. 이런 논조 때문에 그의 종교관에는 경건주의 경향이 깔려있으며, 기독교를 노골적으로 드러내기 위한 저의가 잠재되어있다고 비판하는 이들도 있다. 그는 자신의 저서와 강연을 통해 '종교학'이란 용어를 처음으로 사용했고, 이로써 종교학의 창시자로 부르게 되었다.

뮐러는 자연현상을 설화적 표현으로 의인화personification하면서 자연신화가 탄생했고, 이렇게 신화화된 대상들과 관념들을 신격화de-ification하면서 범신론과 만신전萬神殿이 생겨났다고 주장했다. 이것은 언어가 종교적일 때, 즉 언어가 인식의 대상을 신화적으로 개념화 할 수 있을 때 종교가 탄생한다는 것을 의미한다. 그는 자연현상을 신으로 믿게끔 하는 언어의 기능을 "언어의 병a disease of language"이라고 했다.

뮐러는 경전들을 종교연구의 중요한 자료로 간주했다. 그가 리그베다를 번역하며, 동료들에게도 번역에 동참하라고 권했던 것도 이런 이유 때문이다. 경전번역은 동양 종교에 대한 관심을 불러일으켰으며, 종교연구에 활력이 되었다. 그는 1875년에 옥스퍼드 대학 교수직을 사임하고 전적으로 동양 종교의 경전번역에 착수했다. 그 과업의 결과로 『동양의 경전들』이란 제목이 붙여진 50권으로 번역-편집된 종교총서가 출판되었다. 이 총서에는 인도의 힌두교, 불교, 자니교의 경전들뿐만 아니라 중국, 페르시아, 이슬람교의 경전들도 수록되어 있다. 이 대사업은 1880년부터 1890년까지 계속되었다.

신화에서 종교의 본질을 추리해 내려는 밀러의 발상과 방법은 종교학의 정립을 위한 새로운 가능성을 제공하는데 초석이 되었다. 그의 공헌을 다음 3가지로 요약할 수 있다.

첫째, 동양 종교의 경전번역으로 보편적인 종교 감정을 찾는데 기여했다.

둘째, 경전번역에 많은 학자를 참여시킴으로써 종교학 발전의 계기를 마련했다.

셋째, 종교에 대한 새로운 통찰과 확신으로 종교학을 학문으로 확립하는데 공헌했다.

파울 에렌라이히와 랑거의 종교론

파울 에렌라이히Paul Ehrenreich는 자신의 저서 『일반 신화론과 민속학적 기초』(1910)에서 매우 흥미 있는 이론을 발표했다. 그는 태양을 종교적 상징으로 해석하며, 태양숭배가 모든 민족의 공통된 신앙형태였다고 주장했다. 그는 자연현상을 궁극적 형태로 표현한 신화에 종교적 상징성을 부여했고, 은유적 해석으로 종교화했다.

그 반면에 프리츠 랑거Fritz Langer는 자신의 저서 『지성적 신화론: 신화의 본질과 신화론 방법에 관한 고찰』(1916)에서 신화에는 태고의 정신문화가 깃들어 있다고 주장했다. 그는 신화의 정신적 형식은 생소하지만, 그것을 표현한 정신의 내용은 매우 단순하고 자연적이라는 논리로 원시인들도 궁극적 실재에 대한 관념을 갖고 있었음을 시사했다. 이 관점에는 원시인들을 지능수준이 낮으며, 지나치게 본능적이고 비현실적이고 비이성적인 인간이리라는 편견으로 재단裁斷해서는 안 된다는 경고성 의미도 담겨 있다. 그는 원시인들도 현대인처럼 개념적으로 사고할 수 있었던 이성적 존재였다고 믿었다. 종교는 일원론(주물숭배)으로 시작해서 성과 속의 이원론으로 진화-발전했다는 것이 그의 종교론의 결론이다.

종교는 어떤 형식으로든지 진화-발전할 수밖에 없다. 그 발전의 동인이 무엇이냐에 따라 학자들의 이론이 달라진다. 기독교는 유일신론唯一神論, monotheism 종교며, 일원론 종교이다. 그러나 자연신화론 학파의 주장대로라면 기독교도 자연신화에서 시작된 것이며, 기독교의 모태인 유대교와 유대교의 근원인 원유대교Ur-Judaism도 자연신화에서 기원한 것이어야 한다. 이런 시각에서 보면 기독교를 계시종교라고 믿는 것 자체가 허구일 뿐이다.

제12강
정령숭배론과 조상숭배론

종교의 본질을 자연 외에 정신이나 영혼 같은데서 찾으려는 종교학 자들도 있다. 이런 종교발생설은 대체로 인류학, 민속학 등의 영향에 의 한 것으로 타일러E. B. Tylor의『원시문화: 신화론, 철학, 종교, 예술과 풍 습의 발전에 관한 탐구』(*Primitive Culture: Researches into the Development of Mythology, Philosophy, Religion, Art and Custom*, 1872)와 스펜서H. Spencer의『사회 학 원리』(*Principles of Sociology*, 1876-1882)에서 제기되며 시작됐다.

타일러는 정령숭배론animism을 주장했고, 스펜서는 조상숭배론 Ancestor worship을 주장했다. 이 두 이론들의 요지는 다음과 같다. -

타일러의 종교이론

타일러는 문화인류학자로서 문화를 인간의 지知-정情-의意-성聖 등 의 요소들과 관련된 삶의 복합체로 이해했다. 이러한 문화론에 입각해 서 그는 종교를 문화의 다양한 형식중의 하나로 다루었다. 그는 종교를 정령의 존재에 대한 신앙에서 진화된 것으로 인식하며, 정령숭배를 인간의 문화와 사회 어디에서나 발견될 수 있었던 최초의 종교현상으로 주장했다. 정령의 존재에 대한 관념과 신앙은 인간의 심리적인 현상과 꿈이나 환상 같은 현상에 의하여 착상되어 그 현상을 해석하는 과정에서 믿음의 단계로 발전되어 종교가 생겨나게 되었다고 본 것이다. 그의 주장에 따르면 원시종족은 죽은 자의 모습이 꿈이나 환상 속에서 나타나게 되면, 그것을 망자의 정령anima으로 믿었으며 숭배했다는 것이다. 정령에 대한 호기심과 지적 관심에서 정령숭배 신앙이 발생했다는 말이다.

타일러는 사회구성원의 지능 정도에 비례해서 사회가 발전한다고도 했다. 이것은 원시인들의 지적 능력이 미숙했기 때문에 초월적 존재에 대한 신앙양태가 불확실하고 불건전했으나 점점 진화하며 정령에 대한 신앙으로 종교화됐다는 것이다. 그는 인간의 지능이 발달되고, 지식이 축적되고, 인식수준이 높아지고, 인식의 범위가 확대되면서 사회뿐만 아니라 종교에도 영향을 미치게 되었다고 역설하며, 종교의 경우 하등 종교의 단계에서 고등 종교의 단계로 발전·진화했다고 역설한다. 이런 논리로 그는 종교의 생성-진화-발전의 과정을 설명했다. 그의 주장에 따르면 종교는 원시종교형태인 정령숭배에서 주물숭배를 거쳐 범신론으로 그리고 단일신론으로 진화하며 발전되었다.

타일러는 원시종족의 정령숭배 신앙이 아직까지도 현대인의 의식意識에 잠재되어 적극적으로 작용하고 있다고 주장한다. 한마디로 현대종교는 원시종족의 신앙에서 진화되어왔으며, 그 신앙마저도 아직까지 현대인의 삶에서 문화의 형태로 이어져 내려오고 있다는 말이다.

타일러는 종교를 신앙의 발현發現 현상으로 이해한 것이 아니고 지적 능력의 체계 정도로 이해했다. 그러나 종교는 원초적으로 초월적 존재에 대한 신앙심에 의해 표출되기 때문에 그의 종교론에는 많은 비판이 뒤따른다.

슐라이어마허F. Schleiermacher는 초월적 존재에 대한 인간의 "절대의존의 감정"을, 오토R. Otto는 "누미노제 감정sensus numinis"을, 엘리아데는 "성현hierophany" 현상을 종교발생의 동인으로 간주했다. 에밀 뒤르켐Émile Durkheim은 종교적 의례는 사회공동체가 정기적으로 자체를 제어하기 위한 것이라고 하여 종교의 사회적 기능에서 종교발생의 기원을 설명하려 했다. 타일러처럼 종교를 단순히 지적 관심의 소산이나 결과로 설명하려는 것은 종교의 감정적 요인이나 사회적 요건의 중요성을 너무 가볍게 본 결과다.

오늘날 대다수의 종교학자들은 원시인들의 지적 능력이 현대인들의 지적 능력보다 열등하다는 타일러의 주장을 받아들이지 않는다. 원시인들과 현대인들과의 지적 능력의 차이는 어느 정도 인정할 수는 있겠지만, 그러나 원시인들의 지적 능력이 현대인들의 지적 능력보다도 철저하게 열등하고 무가치할 정도로 낮다고 하는 것은 잘못된 주장일 것이다. 우리는 원시인들이 이뤄놨던 문화, 예를 들면 동굴벽화 같은 것이라든가 저들이 만들어 사용했던 생활도구들이나 물건들을 보면서 저들의 지적 능력이 상당한 수준에 도달해 있었음을 알 수 있다. 저들의 지적 능력이 낮으리라고 판단하는 것은 편견일 뿐이다.

우리는 각 종교가 가지고 있는 나름대로의 독특성과 독창성에 대해서는 인정하면서 예배형식에 따라 각 종교를 질적으로 평가하며 등급으로 나누곤 하는데, 이런 편견이 과연 정당한 것인지 생각해보아야 할 것이다. 타일러는 종교의 인류학적 기초를 이론화하는데 공헌했지만, 기독교 시각에서 다른 종교를 비교-평가하며 하등 종교로 등급화하려 했다는 비판도 받는다.

오늘날에도 정령숭배 신앙을 이어가며 종교생활을 하는 곳이 많다. 그렇다고 그러한 종교를 어떤 특정 종교의 시각에서 부정-비판-폄훼해서는 결코 다른 종교에 대한 이해를 올바르게 할 수 없을 것이다.

타일러는 원시인들에 대해서 많은 해석을 했지만, 현대인 중심의 시각과 사고구조로 저들의 문화를 해석하려 했기 때문에 긍정적인 평가를 받고 있음에도 불구하고 동시에 많은 비판을 받고 있다.

스펜서의 종교이론

스팬서Herbert Spencer의 종교이론은 자연숭배, 조상숭배, 불가지론으로 그 구조를 이루고 있다. 그는 조상숭배가 종교의 시작이라고 주장하면서도, 그러나 신의 존재는 알 수 없다는 불가지론을 역설한다.

원시인들은 자연현상의 변화나 인간의 생로병사의 현상, 유용한 것과 유용하지 못한 것의 대립적인 관계 등을 보면서 생명력의 이원성을 인식할 수 있었을 것이다. 이러한 인식으로 자연을 움직이는 영의 존재와 인간의 혼백에 대한 관념을 갖게 되었을 것이다. 저들은 깨어있는 것과 잠자는 것, 삶과 죽음, 자연의 생멸生滅 현상 등의 동인을 영혼, 혼의 실체로 믿으며 신격화하여 신앙하기 시작했다. 이렇게 발전된 정신(영혼) 관념이 자연숭배나 조상숭배와 결부되며 종교로 생성하게 되었다.

하지만 원시인들의 이런 신앙에는 아직도 내세의 인과응보 이론이 포함되어 있지는 않았다. 이러한 가설로 스펜서는 원시종교의 기원을 설명하고 있지만 후대의 학자들은 이런 가설이 추론일 뿐이라고 단정하는 경향도 있다.

원시인들은 만물에 영이 깃들어 있으며, 인간에 밀착되어 있다고 믿었다. 만물에 영이 깃들어 있다는 것, 이런 의미에서 물활론은 모든 물건들의 신성을 인정한 것이다. 타일러는 이 영적 존재를 '아니마*anima*'라고 규정했으나 스펜서는 아니마를 죽은 자의 영혼(유령)까지도 포괄하는 넓은 개념으로 사용했다.

자연의 삼라만상이 정령의 실체로 신격화되면서, 자연숭배 신앙도 생겨났다. 특히 물의 숭배, 강의 숭배, 바다 숭배, 일월성신에 대한 숭배, 그리고 나무와 초목에 대한 숭배, 동물숭배, 토템신앙totemism, 뱀의 숭배 등이 이런 종교현상으로 나타난 것들이다. 자연숭배 신앙의 극치는 자연의 모든 종류를 신격화하는 신앙이다.

이런 원시적인 자연숭배 사상에서 원시종족의 다신론뿐만 아니라 고등문화 민족의 고차적인 다신론도 생성-진화-발전되었다. 사실상 자연숭배가 삶의 전체적 상태나 기능을 지배했던 것이다. 자연숭배 신앙은 출산의 신, 농경작의 신, 죽은 조상의 신, 그리고 신들의 조상 등과도 연계되어 있었다.

스펜서는 죽은 조상에 대한 숭배가 종교의 기원이라고 주장하며 조상숭배가 정령숭배보다 앞선다고 했다. 사실상 타일러의 정령숭배론을 부정한 것이다. 죽은 조상의 혼령은 다른 사람의 몸에 들어갈 수도 있으며, 또는 병이나 죽음을 초래하기도 한다고 믿었다. 이런 믿음 때문에 돌을 깎거나 채색하여 신으로 숭배하며, 우상숭배Idololatrie가 생겨나기 시작했다는 것이다.

그러나 엄격한 의미에서, 즉 오늘날 우리들이 이해하는 의미에서 유일신론이나 범신론은 원시인들의 사고에는 아직 형성되어 있지는 않았다. 초월적 존재에 대한 표상의 흔적은 종교사에서 여러 민족의 원시종교를 추적하는 가운데 증명되어지기도 한다. 유일신론은 여러 신 가운데 어느 한 신에게 최고의 지배권을 부여하려는 목적이나 인민 대중을 하등의 신성으로 여기며 통치자를 지상의 신으로 세우려는 의도에서 생성되었을 것으로 보기도 한다.

스펜서는 죽은 조상의 영혼이 신격화되어 신으로 신앙되는 종교적 형식을 종교의 기원으로 간주했다. 종교사에서는 조상숭배에 대한 이런 신앙형식을 유헤메리즘Euhemerism이라고 한다. 이것은 BC 4세기에 유헤메로스Euhemeros에 의해 주장된 것인데, 죽은 최고의 지배자를 신격화하여 지고의 신으로 숭배하는 신앙형식을 일컫는 말이다. 이런 신앙형식에 대한 기록은 크세노파네스Xenophanes나 헤로도토스Herodotus 등에서도 발견된다고 한다.

최고 존재에 대한 표상은 모든 민족이나 종족에 공통적인 원형 Urtypus으로 잠재되어있는 것이 아니고, 각 민족이나 종족에 따라 각각 다양한 형식으로 유지되고 있다.

스펜서는 자연의 본질이나 현상, 신적 존재의 실체 등을 인간은 결코 알 수 없다는 철저한 불가지론을 주장했다. 그는 신은 경험적인 실재가 아니기 때문에 인간은 신이 실제로 존재하는지 알 수도 없고, 신에 대한 지식을 요청할 수 있는 수단도 갖고 있지 않기 때문에 신의 존재를 증명할 길도 없다고 역설한다. 뿐만 아니라 그는 종교적 신앙마저도 의심하며 인간은 종교적 진리가 참인지 거짓인지조차도 알 수 없다고 했다. "종교는 신조, 입증할 수 없는 지각된 내용을 과학에 의해 하나씩 포기하지 않을 수 없게 되었다"라는 것이 스펜서의 결론이다.

제13강
만유영성론과 주술선행론

마레트의 만유영성론(萬有靈性論)

종교발생설 중에서 정령숭배론이 차지하는 종교사적 의미와 역할이 지대한 것은 사실이다. 타일러는 정령숭배가 종교발생의 첫 단계였다고 주장했다. 하지만 타일러의 종교 기원설에 대한 반론도 많다.

로버트 마레트Robert Marett는 타일러의 후계자로 옥스퍼드 대학교 인류학 교수가 되었다. 그러나 그는 타일러의 종교 기원설을 부정하며 자신의 이론을 1899년에 펼쳤다. 그해 그는 「정령숭배 이전의 종교」(Preanimistic Religion)라는 논문에서 정령숭배 신앙은 "초인적인 힘super human power"에 대한 두려움에서 기원했다는 주장을 폈다. 예를 들면 강한 회오리바람 자체가 정령은 아니지만, 회오리바람을 일으키는 불가사의한 힘에 대한 무서움과 두려움 때문에 그 힘을 의지하려는 마음이 생겨나게 되었고, 그 후에 회오리바람에 정령이 있다는 신앙으로 발전됐다는 것이다. 다시 말해 자연의 가공할 위력과 위협적으로 느껴지는 자연현상에 대한 공포심이 사람들로 하여금 삼라만상에 정령이 깃들어있다는 가공망상架空妄想에 빠지게 했고, 이에 대한 외경畏敬이 믿음으로 발전하여 종교형식을 만들게 되었다는 것이다.

이런 논리로 마레트는 타일러의 정령숭배론이 종교발생의 기원이라는 주장에 반론을 제기하며, 정령숭배 신앙 이전에 이미 원시적인 종교형태가 있었는데, 그는 이 종교적 신앙형식을 "정령숭배이전설精靈崇拜以前設, preanimism"이라고 규정하며 "만유영성론萬有靈性論, animatism"이라고 개념화했다.* 만유영성론이란 '영력靈力'이나 '영기靈氣'가 인간을 포함한 삼라만상에 깃들어 있으며, 이 초인적 힘이 자연을 지배하며 영향력을 미친다는 신앙관이다.

마레트가 종교 기원의 원초적인 형태로 제시한 만유영성론은 1891년 멜라네시아Melanesia에서 선교사로 일하던 로버트 코드링턴R. H. Codrington의 보고서에 기록된 "마나*mana*"란 개념에서 착안한 것이다. 멜라네시아어로 마나란 물리적인 힘과는 전혀 다른 성질의 위력을 지

---

* 마레트는 "preanimism"이란 용어를 희랍어로 '괴력' 또는 '거인', '괴물'이란 말 *téras*에서 취하여 괴력숭배(tératism)로 부르기도 하고, "만유영성론(animatism)"이라고 부르기도 했다. 원시종교형태를 타일러는 정령의 실재에 대한 신앙으로 규정하려 했지만, 마레트는 초인적 힘과 연계하여 설명하려 했다. 로마 대학교의 종교사 교수인 우고 비앙키(Ugo Bianchi)는 마레트의 종교설을 "역동설(dynamism)"로 규정했다. 일종의 "활력론(vitalism)"으로 본 것이다(Bianchi 1975: 86-87).
마레트의 주장은 산발적이기는 하지만, 종교의 기원에 대한 새로운 이론을 세운 점에서 공헌한 바 크다. 그러나 티티우스(Arthur Titius)는 마레트 이전에 이미 미국인 존 킹(John H. King)이 자신의 저서『초자연적 존재: 그 기원, 본질, 그리고 진화』(*The Supernatural: Its Origin, Nature, and Evolution*, 1892)에서 이런 주장을 했다고 밝혔다(Titius 1937: 198).
마레트와 유사한 종교론을 주장한 학자들로서는 죄더블롬(N. Söderblom), 하우어(J. W. Hauer), 루돌프 오토(R. Otto) 및 하트랜드(E. S. Hartland) 등을 꼽을 수 있을 것이다. 하트랜드의 종교 기원설에 따르면 종교는 어떤 힘에 의해 개성화되어진 인격적이고 초인적인 존재에 대한 신앙에서 발생했다.

닌 비인격적이고 초자연적 힘을 말한다. 코드링턴의 보고에 따르면 멜라네시아 원주민들은 이상한 모양을 한 돌이나 나무, 승전한 전사戰士, 부족 추장 등의 몸에 이 마나가 붙어있다고 믿었고, 그래서 마나를 두려워하며 경외했다는 것이다.

그러나 마나에 대한 인류학의 연구 결과 멜라네시아 원주민들은 마나 자체를 경외한 것이 아니고, 이 힘을 지닌 초자연적 존재를 경외했다는 사실이 밝혀졌다. 이로써 종교의 기원을 규명하는데 마나는 더 이상 의미가 없다는 결론이 나왔다. 하지만 코드링턴이 보고한 당시에는 마나설manaism이 마레트 뿐만 아니라 뒤르켐E. Durkheim, 후베르트H. Hubert, 마우스M. Mauss 등과 같은 학자들의 종교사상 정립에 깊은 영향을 주었다. 뒤르켐의 토테미즘totemism도 마나에 기초한 것임을 주장하는 학자들도 있다.

아무튼 마나와 유사한 비인격적이고 초자연적인 힘 즉 주력呪力은 그 후 원시종교발생지를 찾아다니며 탐구하는 가운데 세계 도처의 미개사회에서 계속 발견되었다(Sharpe 1975: 69).

프레이저의 주술선행론

케임브리지 대학교의 고전학자이며 이신론자였던 제임스 프레이저James George Frazer는 종교의 기원에 대한 또 하나의 이론을 내놓았다. 그는 종교에 관한 방대한 자료를 거의 반세기에 걸쳐 수집-분석-정리하여 12권에 달하는 『황금가지』(The Golden Bough)라는 책으로 엮어 발표했다.** 이 책은 종교학 연구에 지대한 공헌을 했으며 많은 영향을 끼쳤다. 그는 인간의 사고유형은 주술에서 종교로, 종교에서 과학으로 진화·발전되어왔다고 주장했다.

그는 종교가 원시문화의 특징인 주술magic로부터 발전해 나온 것이라는 주술론을 주창하였다. 그가 생각한 원시사회의 주술사는 자연현상이나 운행방식을 알고 있을 뿐만 아니라, 인간을 위해 그것을 이용할 수 있는 방법도 알고 있었다. 원시사회에서 주술사의 역할은 현대사회의 과학자와 같은 것이었다. 그러나 주술은 자연현상의 피상적인 상호관계를 초월적 능력에 의한 인과관계로 보려는데 반하여, 현대의 자연과학자들은 정확한 자료와 합리적 방법을 통하여 자연현상의 인과관계를 정확히 규명하는 일을 한다는 점에서 다르다고 하겠다. 그래서 프레이저는 주술은 실패할 수밖에 없는 과학이고, 주술사는 지식과 기술의 불충분함으로 인하여 오류를 범하게 된다고 말했다.

프레이저는 원시종족이 초인적 능력을 지닌 존재 즉 영적인 존재에 도움을 요청했던 행위를 종교의 기원으로 간주했다. "인류 역사에서 주술이 종교보다 오래되었다"(Magic is older than religion in the history of humanity)라는 주술선행론이 그의 주장의 핵심이다(Frazer 1942: 54). 존 킹John H. King도 이런 입장을 취했다. 그는 주술이 정령숭배보다 선행했다는 이론을 내세웠다. 이처럼 주술과 종교는 발생단계에서부터 서로 관계를 갖고 있기는 했지만 궁극적으로는 별개의 성질을 가진 것으로 프레이저는 보았다.

** *The Golden Bough*는 1890년에 2권, 1900년에 3권, 1936년에 12권으로 출판된 종교자료집이다. Frazer는 종교 연구를 위하여 중요한 것은 종교자료라는 생각에 종교에 관한 자료들을 사전 형식으로 모았다.

주술사는 주문을 통하여 자연현상을 지배하고 통제하려 하지만, 종교인은 초월적이고 영적인 존재를 믿기 때문에 기도를 통하여 섭리와 자연운행을 가능케 할 수 있다고 프레이저는 믿었다. 이런 주장은 피어 칸트Vierkandt, 프로이쓰Preuß와 같은 종교학자들과 베트K. Beth, 클레멘 C. Clemen, 베르톨레Bertholet 같은 신학자들에 의해서도 광범위하게 그리고 좀 더 깊이 탐구되었다.

클로드 레비스트로스(Claude Lévi-Strauss)는 주술은 인간의 행위를 자연화하려 하지만, 종교는 자연 질서를 의인화하는 점이 다르다며, 주술에서 종교가 발생했다는 프레이저의 주장을 반박한다. 프레이저의 주술선행론은 많은 비판을 받고 있다. 원시종교들의 경우 지역이나 종족에 따라 신앙형식이 서로 달랐기 때문에, 일방적으로 주술이 종교에 선행했다는 주장은 모순이라는 것이다. 주술 외에도 단일신이나 유일신 숭배 의식 등도 여러 지역에서 발견되고 있기 때문이다.

이상에서 우리는 마레트의 만유영성론과 프레이저의 주술선행론에 대해서 고찰해 보았다. 마레트는 정령숭배 이전에 이미 마나와 같은 강력한 초인적 힘의 능력을 두려워하며 의존하려는 신앙형태가 있었고, 그것이 후에 발전하여 자연현상에 신적 개념을 개입시킴으로 말미암아 정령숭배 신앙이 생겨났다고 주장하며 정령숭배 이전에 이미 종교형태의 신앙형식이 있었다고 역설한다. 한마디로 정령숭배가 종교의 기원이 아니라는 말이다.

그 반면에 프레이저는 주술이 종교보다 오래되었다고 주장했다. 종교가 구체화되어지기 이전에 이미 인간은 주술을 통해 초자연적인 존재와 관계를 맺어 왔다는 것이다. 그러나 그의 주장에도 문제가 많다.

주술뿐만 아니라 다양한 형태의 신앙형식이 원시사회에도 혼재했을 테고, 이런 것들도 그 사회의 종교성을 형성하는데 작용했을 텐데, 이점을 그가 간과한 것이다.

마레트와 프레이저가 종교의 기원을 밝혀내려 노력했던 점을 과소평가할 수는 없을 것이다. 하지만 대다수 종교학자는 저들의 종교발생설을 수용하려 하지 않는다. 저들이 주장했던 이론대로 종교가 형성되어 온 것이 아니라는 것이다. '종교적 인간homo religiosus'이라는 관점에서 볼 때 마나신앙이나 주술이론보다는 인간의 종교성이 그들의 삶에 작용을 했고, 그래서 종교적 신앙이 종교로 형성되었다는 주장이 이런 반론에 깔려있는 것이다.

우리는 절대적 존재에 대한 신앙을 어떻게 표현했는가에 탐구의 목적을 둠으로써 종교기원의 형식을 찾아내야 할 것이다. 단지 어떤 개념이나 이론을 가정하고 거기에서 종교의 기원을 추론하려 한다면, 이것은 종교의 본질을 이해하는데 주객이 전도된 잘못된 접근방식이라고 하겠다. 결론에 대신하여 몇 가지 생각할 문제를 제시해본다.

첫째, 마레트의 종교기원설은 긍정적인 면도 있지만 많은 오류가 있다. 무엇이 문제인지 좀 더 깊이 연구해보아야 되겠다.

둘째, 프레이저는 주술을 종교 이전의 단계라고 주장했다. 그러나 주술보다 더 근원적이고 원초적이며 본래적인 무엇인가가 인간에게는 있었을 텐데, 그리고 그것이 종교심을 발현시켰을 텐데 그것은 무엇인가?

마나는 초인적인 힘일 수도 있을 것이다. 하지만 그것을 종교성으로 간주할 수는 없다. 주술은 종교형식의 하나일 뿐, 결코 종교의 본질은 아니다.

제14강
정령 숭배 이전의 일신론

앤드류 랭Andrew Lang은 1844년 스코틀랜드 셀커크Selkirk에서 태어났다. 그는 작가와 문학평론가로 활동했으며, 인류학과 민속학, 신화와 종교 등에 대한 연구에도 크게 기여했다. 종교학 분양에서는 타일러의 영향을 받았지만, 1898년 『종교의 형성』(*The Making of Religion*)이란 저서를 출판하며 타일러의 종교론과 결별했다. 그는 세계의 창조주로 신앙되는 최고신의 관념 즉 절대 존재에 대한 신관은 정령숭배보다 더 오래 전에 자연숭배naturism로부터 발전되어 왔다고 주장했다. 자연숭배를 인류 최초의 신앙형식이며 종교형태로 간주한 것이다. 그는 세계 도처에서 활동하던 선교사들과 탐험가들이 그때까지도 원시적인 생활을 하며 그들 나름대로 살아가고 있던 미개종족의 예배의식儀式과 신앙형식을 수집-분석-정리해 보고한 자료들에서 이러한 착상을 하게 되었다.

그가 입수한 자료들에 따를 것 같으면 최고 존재에 대한 관념은 역사적으로 매우 오래된 미개종족의 종교의식에서도 발견할 수 있었다. 그 종족 중 일부는 그 당시까지도 문명과 단절된 채 군거생활을 하며 수렵으로 살아가고 있었다. 그들의 사회는 살아있는 화석처럼 태초의 모습을 그대로를 보여주고 있었고, 그들의 삶의 양식에는 태초의 생활관습이 유전인자처럼 생동하며 그대로 보존되어 있었다.

수천 년 전 원시종족의 생활상을 19세기에 그대로 보며 알 수 있게 되었다는 것은 매우 고무적이다. 이 보고서들은 원자료原資料와 같은 효력을 가진 것이다. 랭은 이 자료들을 분석하며 최고신에 대한 신앙은 기독교의 영향 때문이 아니고, 이미 원시생활을 하던 그 당시부터 이어져 왔다고 주장하게 되었다. 물론 그들의 최고신 숭배의식이 문명된 고등 종교의 신앙형식보다는 조야했겠지만, 신의 절대성과 유일한 최고 존재에 대한 숭배의식에는 아무런 차이가 없었다고 랭은 생각했던 것이다. 문명된 종교의 신관은 교리를 통해 종교화되며 제도적으로 완전한 체계를 갖춘 상태에서 전승되어오고 있지만, 미개사회의 유일신관은 전설이나 동화, 신화 등의 형식으로 구전되어오며 신앙화 되고 있다는 것이 그의 주장의 요지다.

이런 원시종족의 분포지역으로서 오스트레일리아의 동남 지역, 안다만Andaman 섬 원주민들, 아시아 여러 지역의 토인들, 아프리카 정글 속의 피그미족, 남아프리카의 토인인 호텐토트Hottentott족, 반투Wantu족과 서수단 흑인들, 그리고 남북 아메리카의 인디언들에서 유일신 신앙형식을 찾을 수 있었다는 내용이 선교사들의 보고서들에 들어 있었다.

랭은 이런 자료들에 근거를 둔 죽은 자의 영혼Ghosts이나 정령Spirits에 대한 신앙으로부터 유일신관이 생성되었다는 정령숭배 학파의 주장을 반박했다. 랭에 따르면 최고 존재인 신은 죽은 자의 영혼이나 정령으로 존재하지도 않을 뿐 아니라 언젠가는 죽을 수밖에 없는 실재實在로 존재하지도 않는다. 태초의 인간은 죽은 자의 영혼을 신격화해서 숭배할 수 있을 정도로 사유능력이 발달되어 있지도 않았고, 그런 정도의 의식수준으로 유일한 최고 존재를 사변할 수 있는 능력도 갖고 있지 않았다고 랭은 생각했다. 한마디로 최초의 인류는 죽은 사람의 영혼 즉 망령亡靈을 최고 존재로 형상화하여 신앙할 수 있을 정도로 사유능력이 발달되어 있지 않았다는 것이다.

그는 정령숭배나 조상숭배가 원시사회 최초의 종교형식이었다는 설을 부정한다. 단적으로 정령숭배가 종교의 기원이라는 타일러의 이론을 부정한 것이다. 인격적 실체로 의인화되어 있지 않은 정령과 구별하여 랭은 기존하는 질서와 보호를 위한 합법적 통치권자로서 최고 존재를 표상했던 것이다. 최고 존재는 정령숭배 신앙이나 영혼숭배 신앙에 의해 이해될 수 있는 존재가 아니다. 최고 존재인 신은 기존하는 질서와 인간을 보호하기 위한 존재라고 생각한 것이다. 그는 정령숭배를 일신론으로부터 다신론과 범신론을 거치며 퇴화된 종교형식이라며 비판한다.

랭은 최고신에 대한 관념이 형성된 것을 사고능력과 지성의 산물이라고 생각했다. 인간의 사고범위와 능력이 점차적으로 향상되면서 인간은 자신보다 더 위대하고 절대적인 존재를 생각하게 되었고, 지성이 발달되면서 전지전능한 존재를 의식적으로 만들어 최고 존재의 위상과 속성으로 개념화했다는 것이다. 그래서 그는 부단히 움직이는 환상의 유희로 종교의 기원을 보려는 종교론도 반대했다.

랭은 원시종족의 종교의식을 원시사회의 종교적 신앙이 원상태原

狀態 그대로 보존된 것으로 간주했다. 물론 종교의 신화적 요소들이 사회적 지배능력을 상실하므로 인하여 결국에는 극복-지양될 수밖에 없었겠지만, 그래도 태고의 원형이 비교적 잘 보존되어 왔다고 본 것이다.

그에 따르면 종교는 인간의 희생제물이나 기도를 통해 존재의미를 갖출 수 있는 형식이 아니고, 인간의 이기적인 신앙행태를 극복할 수 있고 최고 존재를 지향할 수 있는 신앙관이 확립되었을 때 성립된다. 그는 유일신관이 종교의 원초적 형태였으나 세월이 지나며 죽은 자의 영혼이나 정령을 믿는 신앙으로 퇴화했다고 주장했다. 그러면서도 그는 정령숭배의 영향을 완전히 배제하려 하지는 않았다. 오히려 그는 영혼설과 정령설도 모든 고등 종교, 윤리, 철학 등에 물활론hylozoism의 잔존형식으로 개재되어있으리라고 가정했다.

앤드류 랭의 종교론에도 몇 가지 문제점 있다.

첫째, 그는 유일신에 대한 신앙이 자연숭배에서 기원했다고 주장하면서도 자연숭배에 의해 파생될 수 있는 범신론적 요소를 종교의 기원에 대한 진술에서 철저히 차단하지는 못했다. 문제는 자연숭배의 대상이 절대적 존재인가 라는 것이다.

둘째, 그는 자연숭배가 정령숭배보다 앞선 종교형식이라고 주장했지만, 자신의 이론을 뒷받침할 수 있는 논거를 제시하는 데는 역부족했다. 선교보고서들이나 동화작가의 상상력이 종교의 학문성을 대신할 수는 없다.

원시종족도 초월적이고 초자연적인 최고 존재가 단순히 무생물적 대상이 아니고 자신들의 삶에 영향을 미치며 간섭하고 있는, 그리고 직접 인간과 관계하고 있는 존재 정도로는 의식하고 있었을 것이다. 그렇기 때문에 인간은 자기 자신보다 위대하다고 믿는 그 존재를 경외敬畏하며 숭배했을 텐데, 그렇다면 저들 역시 비록 미숙한 정도로나마 최고 존재를 인격체로 믿었을 것이다. 이런 추리를 통해 우리는 원시종족 역시 인격적인 초월적 존재에 대한 두려운 감정을 갖고 있었으리라는 가능성을 생각해 볼 수 있다. 그 존재가 일월성신이나 대지, 기암괴석, 거목, 바다, 강, 바람 등등 대자연의 현상이든지, 초자연적 존재든지 혹은 원시사회를 지배하며 통치하던 최고의 지도자였든지 죽은 자의 영혼이나 정령이든지 간에 저들은 자연을 숭배하기 이전부터 어떤 인격적이고 초인적인 힘을 믿었을 수도 있었을 것이다. 이것은 정령숭배와 자연숭배의 선후先後의 자리다툼이 무의미하다는 것을 의미한다.

셋째, 그는 정령숭배를 유일신관이 퇴화된 신앙형식이라고 비판하며, 자연숭배가 절대 신관의 기원이라고 주장했다. 자연숭배를 종교의 기원으로 본 것이다.

19세기 원시종족들의 삶이 선사시대 인류의 삶의 참모습인가가 과학적으로 입증되지 않은 상태에서 저들의 삶을 원시종족들의 삶과 동일시하는 것도 문제가 될 수 있다.

인간의 종교성은 인간과 인격적 관계가 가능한 존재에 대한 믿음에서 발생한다. 원시종족이 종교적 감정이나 의식을 갖기 시작했던 것도 최고 존재를 인격적 실체로 믿었기 때문일 것이다.

제15강
사회주의적 공산주의 종교론

칼 마르크스Karl Marx는 유물사관의 관점에서 종교의 기원·발전·진화를 해석·비판했다. 그는 19세기의 급변하는 시대사조를 직시하며 사회구조를 재해석했고, 산업혁명의 여파로 격변기에 처해있던 시대성에 편승하여 영향력을 제고하기도 했다. 그뿐 아니라 그는 자본과 노동의 관계를 특이하게 해석하며 이질성을 드러내기도 했다. 그의 종교론은 종교의 본질을 특정 종교의 신학이나 종교학적 관점에서 이해할 수 있는 이론이 아니고, 정치-경제학적 관점에서 해석·이해해야 하는 이데올로기의 일종이다.

마르크스는 「헤겔의 법철학 비판」(*Zur Kritik der Hegelschen Rechtsphilosophie*)에서 종교에 관한 비판적 견해를 분명히 제시하고 있다. 그는 자신의 주장을 다음과 같이 진술했다.

종교비판은 모든 비판을 전제로 한다. … 인간은 초월적 존재를 천상의 실재로 상상하며 찾으려 했지만 자신의 반조返照만을 발견했을 뿐이다. 이처럼 인간은 끊임없이 참된 실재를 찾으려 했지만 초인적 존재를 찾기에는 더 이상 적합하지 않다.

종교비판의 근거는 다음과 같다. **인간은 종교를 만들지만**, 종교는 인간을 만들지 못한다(*Der Mensch macht die Religion*, die Religion macht nicht den Menschen). 종교는 인간 자신이 아직도 택하지 않았거나 또는 이미 상실해 버린 자아의식이며 자기감정일 뿐이다. 인간, 그는 추상적이거나 외계에 자리 잡은 존재가 아니다. 인간은 **인간의 세계**(*die Welt des Menschen*) 내의 존재며, 국가며, 사회성이다. 이 국가, 이 사회성이 종교, 전도된 세계의식(*ein verkehrtes Weltbewußtsein*)을 산출한다. 이것이 **전도된 세계**다. 종교는 이런 세계의 일반적 이론이며, 교리의 편람, 대중성을 띤 논리, 정신적 명예, 황홀감, 도덕적 성화, 장중한 의례, 일상적인 위안과 칭의稱義 등의 근거일 뿐이다. **인간의 본질은** 참된 실재를 소유하고 있지 않다. 종교는 인간이 상상한 환상을 실재라고 믿으며 현실화한 것일 뿐이다. 그러므로 종교에 대한 투쟁은 간접적으로는 종교의 정신적 기품인 **피안의 세계**에 대한 투쟁이다. …

종교는 억눌린 자의 탄식이다. … 종교는 인민의 **아편***Opium*이다. 그러므로 인민을 **망상적** 행복감에 도취하도록 현혹하는 종교를 지양함으로써 인민은 참된 행복을 얻을 수 있다. … **종교에 대한 비판은 종교를 후광으로 삼고 있는 고뇌의 세상에 대한 비판**(*Die Kritik des Jammertales*)이다.*

---

* Karl Marx, "Zur Kritik der Hegelschen Rechtsphilosophie," *Aus Den Deutsch-Französischen Jahrbüchern* (1843/44), in *Die Hegelsche Linke*, ausgewählt und eingeleitet von Karl Löwith (Stuttgart-Bad Cannstatt: Friedrich Frommann Verlag, 1962): 256.

그는 계속하여 종교의 본질을 환상의 산물로 규정하며 다음과 같이 말하기도 했다.

> 종교는 인간이 움직이지 않는 동안에도 인간의 주위를 맴돌고 있는 망상적 태양일뿐이다(Die Religion ist nur die illusorische Sonne, die sich um den Menschen bewegt, solange er sich nicht um sich selbst bewegt)(Ibid.: 257).

이에 더하여 그는 유물론적 사회구조가 인간의 실제적인 생활의 형식임을 강조하며, 인간이 망상으로 만들어 낸 신이라는 개념 역시 물질적 가치기준으로 인식하려했다. 그의 진술에 따르면:

> 그리스도는 원래 1) 신 앞에 있는 인간; 2) 인간을 위한 신; 3) 인간을 위한 인간을 대행하고, 돈은 원래 1) 사유재산을 위한 사유재산, 2) 사유재산을 위한 사회; 3) 사회를 위한 사유재산을 대행한다. 그리스도는 양여된 신이며 양여된 인간이다. 신은 인간 그리스도로서 보다 많은 가치를 소유하고 있을 때, 즉 그 스스로 그리스도를 대신할 수 있을 때 보다 많은 가치nur mehr Wert를 소유하게 된다.**

이것이 그의 종교비판의 핵심이다. 신은 망상일 뿐이며, 실제로 신이라고 믿는 그 개념적 실체는 사실상 물질적 가치에 의한 사회적 기능

** Karl Marx. *Aus den Exzerptheften: die entfremdete und die unentfremdete Gesellschaft, Geld, Kredit und Menschlichkeit, in Karl Marx-Friedrich Engels*, Bd. II. *Politische Ökonomie*. hg. von Iring Fetscher (Frankfurt am Main: Fischer Bücherei, 1966): 248.

일 뿐이라는 것이다. 그가 신의 존재를 부정-폄훼하며 표방하려는 것은 물질Geld이 신이라는 것, 구체적으로 말해 신은 망상일 뿐이며, 실제로 사회적 교환가치를 가지고 있는 돈은 자본을 재생산하는 실재라는 것이다. 무신론의 요지가 여기 담겨있다.

엥겔스도 경제구조를 사회의 실제적인 기초로 간주했다. 거기로부터 법적인 제도와 정치적인 조직 및 종교적·철학적 사고방식의 종합적 구조가 최종적으로 요청된다는 것이다.

베른슈타인Eduard Bernstein은 "역사 유물론을 도구로 쓰려는 자는 생산력과 생산관계의 발전과 영향뿐만 아니라 매 시대마다 역사적이고 종교적인 전통들, 인간과 그 자신의 정신적 성향이 공유되어있는 지역적이고 자연적인 영향을 전적으로 감안해야 할 의무가 있다"라고 주장하며, 유물론적 철학 이론을 더욱 완화하여 수정하였다. 이 때문에 그는 교조적 마르크스주의자인 로자 룩셈부르크Rosa Luxemburg에 의해 마르크스의 사상을 변질한 이단자로, 마르크스주의를 왜곡한 수정주의자로 낙인찍혔다. 하지만 베른스타인은 마르크스 철학의 모순을 지적하며 현실성 있는 대안을 제공하려 했을 뿐이다. 그는 사회주의가 사회주의로는 성취될 수 없으며, 사회주의의 진정한 성공은 자본주의에 의해 가능하다는 주장을 했다. 이 사상으로 그는 마르크스주의자들과 대치되는 입장에 서게 되었다.

어쨌든 유물론자들은 종교를 인간에 의해 날조된 환상을 반영하는 현상이라고 비판한다. 그뿐만 아니라 종교는 일상생활을 지배하는 외부적 힘이며, 물리적 힘을 초자연적 힘의 형태로 받아들이고 믿는 행위에서 생긴 것이며, 반사작용의 결과라는 것이다. 저들은 종교가 인간의 역사와 더불어 시작되었으며, 초기에는 자연현상의 위력으로 그리고 그 후에는 인지 발달과 더불어 종족마다 서로 다른 사회 환경과 사고구조로 인해 다양하고 복잡한 형태로 신앙화 되었다고 주장한다. 그 결과로 인식의 새로운 전기가 시작되었는데, 자연의 위력뿐만 아니라 사회적 권력gesellschaftliche Mächte도 인간에게 영향을 미친다는 사실을 깨달은 것이라고 한다.

이때부터 인간은 사회성을 의식하게 되었는데 자연의 위력에 못지 않게 인간에게 생소하고 설명하기 힘들며, 본질적으로는 추상적이지만 영향력에 있어서는 구체적인 현상을 사회성으로 인식하게 되었다는 것이다. 이런 맥락에서 엥겔스는 인간의 환상 형태가 사회적 속성을 취하게 되었고, 역사적 힘의 표본이 되었다고 주장했다.

하인리히 아일더만Heinrich Eildermann은 원시공산주의와 원시종교의 관계를 유물사관의 시각으로 고찰하며 종교의 기원을 정립하려 했다. 그는 사회적 신조를 종교의 기원에 적용하려 했다. 그의 주장에 따르면 인간이 꾀를 부려 착상한 것 중에 가장 오래된 것은 계급이다. 계급이 생김으로 인해 인간의 신분이 정리·조정될 수 있게 되었고, 노동의 사회화가 이루어졌으며, 이로써 생산력의 분배가 가능하게 되었다는 것이다. 한마디로 노동의 사회화로 말미암아 공산주의로의 길이 열리기 시작했다는 것이다. 하지만 그때까지만 해도 원시공산사회에서는 개인의 재산은 개인이 각자 축적하거나, 상속이나 교환을 통해 얻은 것이다. 이것이 미개한 사회에서 자생된 원시공산사회며, 작은 공동체 내에서 형성되어가고 있는 불완전한 공산주의다.

재산은 착취계급을 양산한다. 젊고 강한 사냥꾼들로부터 약자들과 부녀자들을 보호한다는 명분으로 결성된 원로들의 협동체는 사실상 개인의 재산을 수탈하기 위해 만들어진, 원로들의 착취도구가 되었다는 것이 아일더만의 생각이다.

그뿐만 아니라 막중한 권한을 부여받은 원로들은 공동체에서 병자에게만 제공되던 식물食物을 그 병자의 사후에도 계속 받으려고 의도적으로 죽은 자의 영혼은 죽지 않고 영원히 살아있다고 기만하며, 영혼불멸설을 조작했다는 것이다. 영혼에 대한 표상이 원시공산사회에서는 계층 간의 물질적 관심을 표출하는 이데올로기적 표현이었다는 말이다. 이런 방식으로 아일더만은 원시공산사회에서 원시종교를 발생학적으로 규명하려 노력했다. 미개사회 내에서 계급 간의 갈등과 충돌은 새로운 형식의 제의祭儀를 창안해 냈으며, 이런 예식이 점점 발전해 가면서 미개사회의 인간은 영혼설에 접하게 되었다고 한다. 어쨌든 개인의 재산을 부정한 수단과 방법으로 수탈하려고 조작한 것이 종교며, 이렇게 생겨난 종교가 원시공산사회의 지배원리가 되었다는 것은 매우 기이한 발상이다.

그런가 하면 중국학 전공자인 에르케스Eduard Erkes는 주술적 사고가 종교의 첫 단계라고 주장했다. 물활론, 토테미즘, 조상숭배, 자연숭배 등이 그 뒤를 이어 생겨난 종교유형이며, 이 과정을 거치면서 문명된 종교로 진화되었다는 것이다. 그는 종교도 사회와 마찬가지로 진화·발전하는데, 이 과정을 설명할 수 있는 유일한 과학적 방법이 사적 유물론史的唯物論이라고 했다. 그는 종교를 노동의 생산성이 토템신앙적 사회로 개성화한 것으로 생각했다. 그의 주장은 유물론의 변증법적 발전이론으로 종교의 기승전결의 과정을 설명하려는 시도라고 하겠다.

사회주의적 공산주의 종교이론의 문제점을 세 가지만 지적하며 결론을 맺으려 한다.

첫째, 저들은 인간을 종교적으로 보지 않는다. 인간은 초자연적 위력이나 현상에 직면했을 때 초월적 존재라고 믿는 그 대상에 두려움을 느끼며 외경심을 가지게 된다. 인간은 초월적 존재 앞에서 단독자이며, 한계상황에 처해 있는 연약한 존재이기 때문에 그 존재에 의존하며 평정심을 갖게 된다. 이 감정이 신앙으로 발전하여 종교로 제도화되기도 한다. 하지만 사회주의적 공산주의 종교비판론자들은 인간의 종교성을 부정할 뿐만 아니라 종교적 현상 자체를 인간의 환영幻影으로, 사회를 지배할 목적으로 조작해낸 상상의 산물로 간주하며 비판한다. 저들은 초월적 존재를 부정한다. 그러나 인간은 누구나 이성이나 지성의 한계를 초월해서 실재하는 존재 그 자체를 부정할 수 없다. 그 실재 자체가 존재이기 때문이다. 인간은 종교적이라고 주장하는 유신론자들과 초월적 존재 그 자체를 부정하는 무신론자들의 종교발생론은 종교의 목적에 대한 이해의 관점에서부터 엄격한 차이를 드러내고 있다.

둘째, 저들은 종교를 부정함으로써 무엇을 얻었는가? 우리는 유물론적 종교비판론을 접할 때마다 물질의 절대가치를 주장하기 위하여 초월적 존재의 실체까지 부정해야 하는지, 그래야 진정한 유물론이라고 평가될 수 있는지 질문을 던져본다. 인간이 유한하기 때문에 영원한 존재에 의존하려는 것, 종교적 신앙 그 자체가 인류의 생존에 무슨 재앙이라도 되는지? 물질중심의 세계에 살면서 이 물질을 창조한 창조주를 믿으며 사는 것은 왜 문제가 되는지? 진정 그러한 삶은 반사회적이고,

인류에 대한 적대적 행위인지? 무신론적 유물론의 모순은 물질을 절대가치로 인정하면서도 물질을 창조한 존재는 부정하는 자가당착에 빠진 점이다.

셋째, 사회주의적 공산주의 종교이론은 물질에 절대가치를 두고 있는 세계관이므로 인간적 삶의 가치를 유물론적으로만 인정할 수밖에 없는 모순에 직면해있다. 물질이 인간에게 주어진 최고의 가치라는 것, 그래서 인간 위에 물질이 있다는, 이런 모순 속에서 저들은 세계를 해석하고 그들의 가치관을 정립하려 했다.

제16강
문화사적 방법

인류의 종교를 발생학적으로 탐구하려는 노력이 19세기에 집중적으로 대두하기 시작했다. 여러 측면에서 제시한 종교기원의 이론과 방법은 매우 흥미 있는 것이었다. 종교사는 '종교적 인간homo religiosus' 명제를 학설이나 방법론에 따라 역사적으로 기술하고 있다. 인간이 삶의 형식인 문화에서 종교성을 찾으려는 것도 종교에 대한 역사적 접근의 한 부분이다.

종교는 본래 인간의 통전적 삶을 지배하는 힘을 지닌 원리다. 종교는 문화에서 그 어떤 것보다도 먼저 나타나는 삶의 현상이다. 그래서 종교학자들 뿐만 아니라 인류학자들이나 고고학자들, 문화사학자들이나 사회학자들 등등 다양한 분야의 학자들이 종교의 문화적 기초에 관하여 자신들의 관점에 입각하여 문제에 접근하거나 문화의 종교적 본질에 관하여 열띤 논쟁을 벌이기도 한다.

종교학의 이러한 쟁점들은 대체로 선교사로 활동하며 피선교지 원주민들의 종교와 문화를 직접 관찰할 수 있었던 그곳에서, 즉 선조들에 의해 형성된 종교와 문화를 원형 그대로 이어가며 살아가고 있는 저들의 '삶의 정황Sitz im Leben'에서 수집한 자료들을 분석·정리한 보고서들에 의존했다.

유럽 강대국들이 세계 도처에 진출하여 무력으로 식민지화한 지역들은 백인들의 합리적 사고방식에 의한 형태학적 구조와는 전혀 다른 세계였다. 인종, 풍습, 언어, 지리, 음식, 제도, 문화, 자연, 종교 등등 삶 자체가 완전히 이질적이었다. 인종마다 그들의 고유한 종교의 권위에 의해 통제되고 있는 것도 매우 흥미로운 사실로 기록되었다. 그래서 19세기에 문화사회학적kultursoziologische 탐구방법과 민족지리학적eth-nogeographische 탐구방법을 총동원하여 종교학자들과 인류학자들 그리고 일부의 비교언어학자들이 미개문화의 연구를 시작했다.

19세기는 인류의 기원에 관한 찰스 다윈Charles Darwin의 진화론으로 인해 매우 충격을 받은 세기였다. 그러나 다윈의 진화론은 특히 종교의 기원과 본질을 밝히려고 시도하는 많은 학자들에게 창조적 종교관에서 진화적 종교관을 생각할 수 있는 용기와 의식의 변화를 준 점에서 큰 의의가 있었다. 그 결과 종교의 발달도 인류의 문화사적 진화론으로 설명하려 했다.

민족학적 탐구방법으로 종교의 기원을 설명하려는 학자들은 현재의 종교형태를 하등 종교에서 고등 종교로 진화된 것이라고 주장했다. 이것이 종교 발달론 혹은 종교 진화론이다. 그러나 우리는 종교에 관한 담론에서 '진화'라는 용어를 매우 조심스럽게 사용해야 할 것이다. 그 이유로는 다음과 같은 것을 들을 수 있을 것이다.

첫째, 종교 진화론에서 말하려는 '진화' 개념을 종교의 핵심인 종교적 신성이나 종교의 원초적 본질의 변화로 이해해서는 안 된다. 종교적 진화란 개념이 미개사회의 신 관념의 변화나 복잡한 개념화로의 발전을 의미해서는 안 되고 오직 종교현상의 진보와 변화로 이해해야 한다.

둘째, 미개사회의 종교의식이 비록 유치하고 미숙할지라도 문명사회의 종교의식과 현상적으로만 비교하며 현대인의 종교의식을 고등종교의 단계로 단정하는 것은 문제일 수도 있다. 종교의 질적 요소qual-itative element는 절대 신성에 내포되어있기 때문에 불변적이다. 실증주의적 진화론자들은 종교의 본질이 진화할 수 있다고 역설한다. 그러나 엘리아데는 원시인들도 다른 존재 조건하에 생활하는 인간 못지않게 종교적이었다며, 진화론자들의 종교관을 부정한다(Eliade 1966: 459-465). 로버트 벨라Robert. N. Bellah 역시 인간의 종교성이나 종교적 현상의 궁극적 구조는 진화하지 않고, "상징체계로서 종교Religion as symbolsystem"만 진화한다고 주장했다(Bellah 1976: 21).

셋째, 우리는 유대교나 기독교, 이슬람교 등등 유일신을 믿는 종교들이 원시종교의 형식이나 제도보다 더 훌륭하고 체계적이며, 신의 본질에 대하여 매우 세분된 상징이나 표현을 쓰고 있으며, 통전적 삶의 맥락에서 인간에게 영향을 주고 있음을 잘 안다. 이런 의미에서 우리도 종교적 진화란 의미를 사용할 수 있을 것이다. 만일 유일신관이 하등 종교에서 진화되었다거나 신의 속성이나 본질이 이러한 종교들의 기원에서부터 시간이 지나면서 진화-발전되었다고 한다면 종교적 진화의 의미가 다른 맥락에서 이해될 수도 있을 것이다.

우리는 미개인의 초자연적 본질에 대한 신앙이 미숙한 수준이었지만 신의 절대성이나 최고 존재에 대한 신앙은 그들의 삶과 문화의 깊은 곳에 자리하고 있었다는 주장도 할 수 있을 것이다. 진화를 본질의 변화·발전 과정으로 이해하기보다 한 현상에서 다음 현상으로 옮겨가는 과도기적 단계로 이해한다면 종교의 질적 차이에서 진화론의 실증주의적 이론을 수용할 수도 있을 것이다.

오트마르 슈판Othmar Spann은 『역사에 근거한 종교 철학』(*Religionsphi-losophie auf geschichtlicher Grundlage*)이란 저서에서 "종교에 적용되는 것은 문화의 모든 정신적 근본 형태들에도 적용된다. 원문화Urkultur가 처음에는 신비적 문화였지만, 그다음에는 주술적 문화였다"라고 역설했다(Spann 1947: 322). 그는 계속하여 "모든 원문화는 직접적이거나 간접적으로 신비적 상태에서 그리고 원종교Urreligion가 형성되었던 신비적 원계시Uroffenbarung에서 생성되었다"고 주장했다(Ibid.: 324). 슈판의 종교 기원론은 문화의 기원을 종교적 요소에서 설명하려는 종교 문화론적 발생론이다. 종교는 문화의 생명체로서 신비적 위력 혹은 원계시에 의해 발생된다는 것이다.

종교 기원을 종교와 문화의 상관관계에서 규명하려는 이러한 노력은 슈판보다 반세기나 더 소급해서 19세기 말경부터 종교학의 한 특수이론으로 등장했다. 특히 독일과 오스트리아의 민족학자들은 지리적 상태나 조건(환경)에서 원시문화의 형식을 관찰하려 했으며 시간적 순서, 역사적 관계 그리고 이런 문화형식들의 이동과 관련하여 결론을 끄집어내려 했다. 이런 이론을 '문화권 학설Kulturkreislehre' 혹은 '문화권 이론Kulturkreistheorie'이라고 하는데, 이 이론의 원조는 레오 프로베니우스Leo Frobenius다.

그는 멜라네시아와 아프리카의 원주민 문화를 비교 탐구한 후, 이 두 문화는 계통발생학적 관계뿐만 아니라 문화 전반에 걸쳐 물질적, 사회적, 종교적으로 공통성을 지니고 있으며, 따라서 전 문화권에서 이 두 원시문화는 관계하고 있었다고 주장했다. 이런 주장을 그는 1897년에서 1898년에 걸쳐 아프리카 문화를 탐구한 후『아프리카 문화의 기원』(*Der Ursprung der afrikanischen Kulturen*)이란 책으로 엮어 발표했는데, 신체 조직이 전적으로 정신과 관계하고 있듯이 문화의 유기체적 구조와 종합적 성격이 문화권의 정신 상태와 결속되어있다는 점을 강조했다.

그는 문화의 기초적 형성 원리를 심령 상태Seelenlage라고 하여 파이데우마*Paideuma*란 용어를 사용했다. 프로베니우스의 학설에 의해 형성된 학파를 '프랑크푸르트 학파Frankfurter Schule'라 불렀으나 오늘날은 '문화형태 학파die kulturmorphologische Schule'라고 하며, 현재는 이 학파의 문화사가들도 문화권 이론에 관하여 주장하는 이가 거의 없다.

문화권 이론은 1904년에 그래브너F. Gräbner와 앙커만B. Ankermann에 의해 수용되었다. 이들은 베를린 박물관에 수집되어 있는 원시문화 유물들을 분류하는 작업을 하다가 오세아니아 지역과 아프리카 지역에서 문화유형이 동일한 점을 발견하고 양 지역 간의 문화교류와 접촉이 있었다고 결론을 내렸다. 이들은 1905년에『민족학 잡지』(*Zeitschrift für Ethnologie*)에 양 지역 간에는 문화교류가 있었다는 이론을 발표했다. 그 후부터 세계 각국에서는 민족학도 역사과학의 한 방법론이 될 수 있다고 하는 새로운 사실을 발견했고, 여러 학자들이 민족학적 문화탐구 방법을 채택했다. 예를 들면 미국에서는 보아스G. Boas, 영국에서는 리버스W. H. Rivers, 프랑스에서는 피나르 드 라 불레이에Pinard de la Boullaye, 스웨덴에서는 노르덴셸드E. Nordenskjold 같은 이들이 민족학적 역사방법론을 그들의 연구에 적용했다.

그래브너와 앙커만의 민족학적 문화역사 방법ethnologisch- kulturhis-torische Methode에 의한 원시문화와 종교연구 학파를 일반적으로 '문화사학파kulturhistorische Schule'라고 한다. 비엔나에서 활동하던 빌헬름 슈미트D. Wilhelm Schmidt와 빌헬름 코퍼스P. Wilhelm Koppers의 영향력 때문에 이 학파를 '비엔나 학파Wiener Schule'로 부르기도 한다.

그러나 문화권 이론을 주장하던 코퍼스 제자들 중에는 문화의 전개와 발전과정에 관해 이론의 일치를 보지 못했고, 따라서 통일된 관점을 정립하지 못했다. 이들 중에 바우만H. Baumann과 미국 학자 햄블리W. D. Hambly 간의 견해 차이는 매우 컸다.

'문화권'이란 개념적 실체가 방법론 중의 실제적 유형인지 또는 이상적 유형인지에 대한 명료한 해명도 요구되었다. 『석기시대의 세계사』(*Weltgeschichte der Stonzeit*) 저자인 멩긴Oswald Menghin은 문명권이란 용어를 선사시대 유물과 관계 지어 규명하려했다. 비엔나 학파의 문화권 이론이 그의 연구에 강한 영향을 끼쳤다.

슈미트는 『신관의 기원』(*Der Ursprung der Gottesidee*)에서 미개인의 수렵과 채집 생활로 형성된 원문화의 단계에서, 토테미즘적 수렵문화, 모권적 지배문화, 부권적 유목문화로 형성된 1차 문화Primärkulturen의 단계를 거쳐, 고등 문화와 문명이 발생했다고 주장하며 인류 초기의 문화사를 민족학적으로 재구성했다.

비엔나 학파의 문화사적 방법론에 대한 찬반 논쟁은 끊임없이 계속되었다. 알프레드 베버Alfred Weber나 뤼스토프A. Rüstov 같은 학자들은 반대 입장을 표방하는 측의 대표자들이었다. 그러나 슈미트 자신은 그의 학파가 문화권 이론을 포기한 상태였지만, 원단일신론 Urmonotheismus에서 범신론으로 종교가 발전되어 왔다는 종교 진화론(종교 퇴화론이라고 부르는 학자도 있음)을 끝까지(1954) 고수했다.

문화사학파의 문제점을 지적하면 다음과 같다.

첫째, 민족학적 탐구로 얻은 많은 지식들은 문화권 구성이 실제적으로 불가능하다는 사실들을 밝혀냈다. 아프리카의 피그미족과 아시아의 왜소한 종족이 동일한 인종적 기원을 갖고 있다는 설, 원문화에 대한 견해, 그리고 인류 태초의 종족이 이미 단일신을 숭배했다는 주장 등은 잘못된 전제에서 출발했음이 밝혀졌다.

둘째, 역사는 구성되어질 수 있는 것이 아니고, 실증적 사건들에 의해 증명되어져야 한다. 이것은 발굴된 선사시대의 유물들을 철저히 검증해야한다는 말이다.

셋째, 원시종족의 문화에서 원단일신론의 흔적을 발견할 수 있었다는 주장은 역사적 관찰방식과 모순되는, 신화적 발상이다.

넷째, 인류 최초의 원문화가 근본적인 변화 없이 오늘날까지 고립된 복합체로서 이어져왔고 보급되어졌으리라는 주장은 비역사적이며 잘못 판단된 것이다.

다섯째, 원시종족의 문화도 그보다 우월한 문화나 문명의 영향을 받으며 형성되어졌으리라는 관점이 지난 세기 동안에 매우 강하게 제기되었다. 문화권 이론은 이점을 간과했다.

제17강
종교의 방법론적 이해의 맺는말

종교의 방법론적 이해에 관한 여러 가지 관점들

지금까지 우리는 여러 유형의 종교 기원설에 관한 이론들을 정립하기 위한 체계적인 방법들, 그리고 그 이론들을 논리화한 학설들을 개괄적으로 정리하여 소개하는데 목적을 두고 이 작업을 계속해 왔다.

종교학이 현대적 학문으로 정립되어가던 당시까지도 대다수의 종교학자들은 종교를 해석하기 위한 자신들만의 일정한 틀(해석학)을 가지고 있지 않았다. 이런 상황이었기 때문에 종교에 관한 정의나 이해도 천차만별이었다.

우리는 이런 일련의 과정을 보면서 종교 기원에 관한 이해가 종교연구의 선재 조건일 수 있지 않을까 라는 추정을 하게도 되었다. 이것은 종교 탐구방법론의 문제로서 초월적 존재에 대한 인간의 종교성을 좀 더 체계적이고 과학적으로 연구해야 한다는 것을 시사한다.

19세기 말엽부터 몇몇 학자들이 종교의 기원에 관심을 가지기 시작하면서 종교에 대한 연구가 활성화되기 시작했다. 종교학자들의 종교론은 대략 여섯 가지 형태로 나눠질 수 있다.

첫째 형태는 자연신화론이다. 에릭 샤프Eric E. Sharpe, 얀 드 브리스Jan de Vries, 우고 비앙키Ugo Bianchi 등등 대다수의 종교학자들은 종교학을 학문의 독자적인 영역으로 정립하는데 기여한 선구자로 막스 뮐러F. Max Müller를 지목하고 있다.*

뮐러의 주장에 따를 것 같으면 언어의 역사는 종교 개념의 형성사다. 이것은 자연현상에 대한 언어적 표현이 종교적 신앙을 불러일으켰다는 것을 의미한다. 간단히 말해서 언어에 신화적인 의미가 담기게 되면서 종교가 생겨났다는 것이다. 인간은 해, 달, 별, 여명, 노을, 천둥, 회오리바람, 바다, 노도, 억센 물줄기, 강물 등과 같은 자연현상을 대할 때 종교적 신비감과 경외감을 느끼며 동시에 자연현상의 무한한 위력 앞에 위압감을 느낀다고 한다. 인간이 일상생활에서 직접 접하는 이런 자연현상들과 개념들은 인간에게 경외감이나 무한자에 대한 감정만을 일으키게 하는 것이 아니고, 신화적 언어에 의하여 상징적으로 표현되었다가 이름 지어졌고, 그 이름은 더 발전하여 의인화擬人化 되었으며, 마침내는 신격화神格化 되었다고 한다. 이런 과정을 거쳐 신격화된 자연현상들과 개념들은 신이라는 낱말로 지칭되었고, 그 후에 신적 존재로 변형했다고 한다. 예컨대 일월성신日月星辰과 대기 현상들이 의인화된 후 '광명의 신들light gods'로 불려 지면서 고대 인도-유럽인들에 의해 숭배되어졌다고 한다. 이런 방식으로 신화가 생겨나고 신화는 강하고 심

* Cf. Ugo Bianchi, *The History of Religions;* Eric E. Sharpe, *Comparative Religion: A History;* Jan de Vries, *Perspectives in the History of Religions*, tr. by Kees W. Bolls.

도 있게 삶과 직접 관련하여 기술되어 왔다는 것이다. 특히 해, 달, 샛별과 같은 천체들과 기상 현상들이 최초의 신들이 되었거나 신의 속성으로 생각되었다는 것이다. 언어에 자연을 신화화 한 내용이 담기면서 종교가 시작되었다는 말이다(Bianchi 1975: 63).**

뮐러의 주장은 종교 기원에 관한 격렬한 논쟁의 대상이 되었다. 종교가 자연현상에서 출발할 수 있는 근거가 결여됐다고 주장하는 실증주의적-사회과학적 입장에서의 반대와 인간의 본래적 종교성을 주장하는 심미적-종교적 입장에서의 찬성이 그것이다. 어쨌든 종교가 인간의 심리적 경외감의 소산이라는 점에서 오토R. Otto가 그의 저서『성의 본질』에서 경외감, 즉 "누미노제 감정sensus numinis"을 주장한 것이나 엘리아데M. Eliade의 성현hierophany 감정은 자연 종교의 입장에 가까운 것이다. 뮐러의 종교론을 과학적 근거가 결여된 이론에 불과하다고 비판하는 종교학자들도 있다. 하지만 저들의 종교론 역시 추론에 불과하므로 과학적 근거가 없는 것은 매한가지다.

둘째 형태는 정령숭배론과 조상숭배론이다. 타일러Edward B. Tylor에 따르면 원시인들의 세계관은 물활론이었다. 그들은 자신들과 마찬가지로 주위에 있는 모든 물건들도 생명이 있어 살아 숨 쉰다고 생각했다. 그리고 살아 있는 물건들에는 모두 그림자처럼 따라다니는 영혼이 있으며, 죽은 후에도 그 영혼은 정령이 되어 이곳저곳을 떠돌아다니며 산자의 몸에 들어가서 질병이나 죽음을 초래하기도 한다고 믿었다. 타

** 종교 기원에서 천체들의 중요성은 드 브로스(De Brosses)도 인정한다. 그는 비성서적 종교의 기원을 주물숭배(fetishim)와 성신숭배(sabeism)에서 찾으려 했다. 성신숭배는 바빌론 종교형태의 유산으로 메소포타미아 종교예식과 관련이 있다.

일러는 자연 정령Spirits에 대한 숭배를 인류 최초의 종교형식이라고 주장했다.

그런가 하면 영국의 철학자이며 종교학자인 스펜서Herbert Spencer는 원시인들은 매우 단순하여 조상의 영혼Ghosts이 신력神力을 행사한다고 믿었기 때문에 조상의 영혼Ghosts을 숭배하는 조상숭배manism를 자신들의 신앙관으로 삼았으며, 여기에서 기원한 것이 종교라고 역설했다.

종교학에서는 타일러-스펜서Tylor-Spencer의 종교 기원론을 하나로 묶어 '정령·조상 숭배론animistisch-manistische Theorie'이라고 정의하기도 한다. 그러나 이 학설의 약점은 정령숭배나 조상숭배 의식이 원시시대의 공통적 종교현상이 아니고, 극히 제한된 일부의 종교형식 이었다는 점과 조상의 영혼이 후손들에게 지복을 내리는 능력 외에는 절대적 존재로서 독립된 능력과 실체를 겸비한 초월적 신 자체가 아니라는 점이다.

셋째 형태는 만유영성론과 주술선행론이다. 마레트Robert Marett는 인류의 종교기원을 정령숭배론animism에서 찾으려 하지 않고 자연현상과 같은 비인격적 힘에 대한 외경에서 유래한다고 주장했다. 그는 최초의 종교형태를 "정령숭배이전설preanimism", 또는 "만유영성론萬有靈性論, animatism"이라고 개념화했다.

그 반면에 제임스 프레이저James G. Frazer는 주술행위에서 종교가 생겨났다고 주장하면서 주술을 종교 이전의 초기 형태며, 모든 종교의 기원이라고 역설했다. 주술이 효력을 발휘하지 못했을 때 원시인들이 생각해낸 다음 단계가 기도며, 따라서 종교는 주술의 실패에서 나타난 것이라고 한다. 하여튼 그는 주술을 종교 이전의 종교적 형태로 보려 했다.

넷째 형태는 정령숭배 이전의 일신론이다. 앤드루 랭Andrew Lang과 같은 종교학자는 종교마다 창조주로 믿는 절대적 존재에 대한 숭배에서 유일신관의 종교가 생겨났으나, 그 후에 정령들에 대한 숭배로 인하여 다신론적으로 그리고 범신론적으로 종교의 형태가 변모되었다고 한다.

랭의 학설에는 의심이 가는 데가 많다. 그것은 무엇보다 원시인들이 고등 역사·민족처럼 합리적인 세계관과 신관을 가질 수 있을 정도로 세계적인 사고구조를 갖고 있었을까 라는 의문이 해결되지 않는 한 계속될 것이다.

다섯째 형태는 사회주의적 공산주의 종교론이다. 이 종교론은 철저히 종교비판론이다. 포이어바흐L. Feuerbach와 같은 신학자는 신학을 인간학으로 구조하려 시도하였을 뿐만 아니라, 인본주의적 인간론의 결정체로 표현했다.

마르크스-엥겔스는 종교는 환상의 소산이며, 인간을 지배하기 위한 억압과 지배 이데올로기이며, 인민의 "아편"이라고 악평했다. 마르크스는 "인간이 종교를 만들었다"라는 말로 종교의 초월성을 부정했다. 유물사관에서 서술된 종교론은 매우 도전적이고 일방적이다. 종교비판 자체가 이들의 종교적 맹신이기도 하다.

여섯째 형태는 문화사적 방법이다. 이것은 종교의 기원을 특정한 문화권에서 민족학적으로 추구해야 한다는 독일과 오스트리아 종교학자들의 이론이다. 종교학계에서는 '문화권 이론'이라고 부르기도 하고, '문화 형태 학파'나 '비엔나 학파'로 부르기도 한다. 특히 빌헬름 슈미트W. Schmidt는 종교의 진화설을 주장했다. 그러나 종교가 원단일신론에서 범신론으로 발전했다고 하는 슈미트의 이론은 이미 오래전에 극복되었다.

종교의 방법론적 이해를 마치며 중심 학설들을 요약·정리했다. 그러나 종교의 기원을 구명究明하는 것만큼이나 중요한 것은 종교가 사회와 관계에서 무엇을 어떻게 해야 할지, 그 일의 당위성을 제시하는 것이다.

종교학의 과제

종교학이 해야 할 과제를 몇 가지만 간추려 보자.

첫째, 종교학은 학문으로서 기능과 역할을 담당하기 위하여 적합한 방법론을 수용해야 한다. 이런 점에서 대다수의 종교학자들은 그들 나름대로 종교학의 독특한 방법론을 진술한 바 있다. 하지만 어느 한 학파나 입장의 종교적 탐구방법도 다른 학파나 학자에 의해 부정되고 있는 실정이 현재 1세기 이상 이어져온 종교사의 현실이다. 비판하는 측은 하나같이 과학적 입장을 표방하지만, 그들 역시 추론과 몇몇 19세기 선교사들의 보고서들에 의존하여 자신들의 입장을 피력하고 있는 실정이다. 종교학은 물리학이나 전자공학 등과 같은 정밀과학도 아니고, 추론에 의해 만들어진 '가상假象의 학문Scheinwissenschaft'도 아니다. 종교학은 초월적 존재에 대한 신앙의 학문이므로 그 나름대로 고유한 방법과 방식을 가져야 할 것이다.

각각의 종교는 그 종교의 발생, 수용, 척도, 가치, 형태, 민족적-사회적 집단 유형, 역사-문화적 배경 등등 다양한 요인과 양태에 따라 이해되어져야 한다. 한마디로 '그 종교는 그 상황에서' 이해되어져야 한다는 말이다. 종교는 초경험적 세계를 인간과 직접 맺어주는 현상이므로 심미적-해석학적 방법에서 이해되어져야 할 것이다. 종교학의 본질규정은 종교의 형식과 내용을 이루고 있는 종교현상을 문화권 안에서 어떻게 이해하느냐에 좌우된다.

둘째, 각 종교는 그 나름대로의 범주와 세계를 갖고 있다. 과학적 방법이 종교를 학문의 대상으로 체계화하는 데는 도움이 되겠지만, 종교현상 자체를 이해하는 데는 별로 도움이 안 된다. 내가 기도하는 중에 영교靈交의 체험을 했다면, 그것은 종교의 차원에서 언급될 수 있는 일이지 과학적으로 설명되거나 분석될 수 있는 현상이 아니다. 종교학은 종교현상을 다루는 학문일 뿐만 아니라 문화현상으로 구현된 종교적 표현을 연구하는 학문이다.

종교는 문화의 여러 형식 중의 하나이므로 종교에 대한 이해는 그것을 형성하는데 바탕이 된 문화권에 대한 이해로부터 시작해야 한다. 만일 대종교大倧教를 유대교 문화권에서 이해하려고 한다거나 유교를 현재 미국의 실용주의 정신에 입각하여 해석하려 한다면 결코 이 종교들이 표방하고 있는 참된 진리를 찾을 수 없을 것이다.

셋째, 종교는 아직 방법론이 정립되지 않은 비교적 '미숙한 학문un-reife Wissenschaft'이다. 물론 패기만만한 학구파들은 그들 나름대로 훌륭한 방법론을 설계하려 시도했고, 또 이런 일은 다행스럽게 지금까지도 계속되고 있지만 종교학 방법론으로써 이렇다 할 것이 별로 없는 것이 종교학의 현실이다. 종교학이 신학과 같은 신앙의 학문도 아니고, 철학과 같은 사변의 학문도 아니며, 예술과 같은 심미의 학문도 아니기 때문이다. 그래서 '종교학이란 무엇인가?'라는 질문은 결국 만족할만한 해답을 얻지 못하고 있는 실정이다.

이런 맥락에서 볼 때 종교학은 자기의 정체가 불분명한 학문이며, 그래서 정체성 위기에 선 학문이라 할 수 있다. 그렇다고 종교가 문화의 실체라고 정의한 바 있는 신학자 틸리히P. Tillich의 주장을 계승하여 문화의 실체를 종교화해서도 안 되고, 복합적인 과학 원리를 종교학의 원리로 수용해도 안 될 것이며, 그렇다고 사회학이나 심리학 등과 같은 특정 학문과 관련해서 연구되어도 안 될 것이다. 이런 특수 학문들과 관련된 종교학, 예를 들면 종교사회학이나 종교심리학 등은 종교학과 관련된 다양한 분야들 중의 극히 일부에 불과할 뿐이다.

넷째, 종교학의 과제는 인간의 본래성을 예리하게 분석하고 파악한 후 현대인의 삶의 정황에 자리를 잡고 있는 대체종교代替宗敎를 제거하고, 종교의 본래성을 견지해야 할 것이다.

인간의 피와 살, 정신과 마음의 심층에 '생득적 실체eingeborene Realität'로 잠재되어 역동하는 종교성에 대한 동경은 '인성의 향수nostalgia of human nature'다. 따라서 우리는 여기에서 루소가 인간을 향해 부르짖은 "자연으로 돌아가라"(zurück zur Natur)라는 구호를 인간의 본래성이요 원초성인 '종교로 돌아가라'(zurück zur Religion)란 명제로 대체할 수도 있을 것이다. 마르크스주의자들이나 특정 이데올로기로 세뇌된 집단들은 인간의 이러한 본능을 종교에 유사한 집단 형식으로 변모하여 역이용하고 있다.

다섯째, 종교에 관한 이러한 과제가 일반적인가? 여기서 우리는 우선 특수 종교와 일반 종교를 구별해야 할 것이다.

특수 종교는 학문의 대상으로서 생성의 기원과 역사와 목적을 갖고 있으며, 삶의 현재 상황이 항상 선교의 대상이 된다. 그래서 특수 종교는 보다 더 조직적으로 설교하기 위하여 경전, 역사, 조직, 방법을 체계적으로 교육하기 위한 신학을 정립했고, 제도적인 장소로서 신학교를 운영하고 있다.

이를테면 개신교의 경우 성서를 성부, 성자, 성령의 삼위일체 하나님의 말씀이라고 가르치며, 타락한 아담의 후예들인 인간을 구원하기 위하여 인간의 살과 피로 성육신하신 예수 그리스도를 구주로 믿으며, 그리스도의 말씀에 따라 살며, 성도의 공동체인 그리스도의 몸 된 교회에 모여 예배와 교제를 나누며, 하나님 나라에 대한 소망으로 현재의 삶을 극복해 간다. 이런 내용을 신학으로 체계화하여 교수하면서 계속 하나님 나라의 지상적 확장에도 온 정열과 열성을 쏟으며 선교의 사명을 할 뿐만 아니라 기독교를 이방 종교나 사상의 도전으로부터 호교 Apologetik하고 절대적 존재, 즉 궁극적 실재에 대하여 이교도들과 논쟁 Polemik을 계속하며 순교 정신으로 2000년을 이어왔다. 따라서 기독교는 철저히 유일신관의 종교로서 심판의 날과 영원한 생명과 하나님 나라에 대한 소망의 종교이며, 신자들의 확신의 종교이지 과학적 지식의 종교가 아니다. 이것이 기독교의 입장이다.

그런가 하면 일반 종교는 특수 종교가 다루는 문제들을 비교종교학적 관점으로 접근한다. 이 경우 일반 종교는 특수 종교의 예배, 제의, 신앙, 성소 등과 그 종교의 사회적 기능 등을 분석-해석-이해-진술하는 정도로 만족해야 한다. 특수 종교에 속한 신자들의 통전적 삶이나 순교적 신앙의 경지까지 요구할 필요는 없다. 종교학의 이러한 접근방식으로 종교의 본질을 규명한다면 종교는 비종교인에게도 관심의 대상이 될 수 있을 것이며, 종교에 대한 학문적 관심도 점차 증대될 수 있을 것이다. 그 뿐만 아니라 선교와 같은 특수 종교의 종교적 사명을 지켜야 할 의무도 없기 때문에 종교적 계명에 대한 결단 같은 것도 필요 없을 것이다. 종교학의 해결 과제는 종교에 따라 구별할 수 있어야 한다는 말이다.

여섯째, 종교학도 인간의 삶과 직결되어 있는 학문이므로 모든 학문의 모체요, 학문의 학문인 철학에 의존할 수밖에 없다. 철학은 사변의 학문이고 종교학은 감정의 학문이란 말로 구분하는 사람들도 있지만, 철학의 사변의 대상도 종교학의 감정의 대상도 모두 불가시적인 궁극적 실재에 대한 반사反射라는 점에서, 다시 말하면 철학은 이성으로 종교학은 감정으로 궁극적 실재의 표출을 시도한다는 점에서 공통적이라고 할 수 있다.

종교의 방법론을 정립하는 문제, 종교에 대한 각 문화권의 고유한 이해, 종교학의 미숙한 학문성을 극복할 수 있는 과제, 인간 본성에 잠재되어있는 영원에 대한 향수병을 치료할 수 있는 종교의 투약 행위, 특수 종교와 일반 종교 사이의 질적 차이, 철학에 의존함으로써 인정받을 수 있는 종교학의 학문성 등은 앞으로 종교학을 조직적으로 학문화하려는 학자들에게 넘겨져 좀 더 깊이 그리고 철저히 연구되어야 할 과제들이다.

제 2 편

성과 속

제18강
종교 언어와 인간의 종교성

지금까지 우리는 종교의 정의와 기원에 관한 많은 학설을 다루면서 종교의 본질을 이해하려 시도했다. 이제부터는 종교의 핵심적 요소를 밝혀내기 위하여 종교의 공통성을 고찰해 볼 것이다.

종교의 본질 규정을 위한 정의는 너무 많으며, 그중에는 다른 요소들까지 대비적으로 제시되어 있다. 이런 상황에서 종교를 말한다는 것은 포괄적일 수밖에 없다. 19세기 이래로 많은 종교 학자가 종교의 본질을 규명하려 노력한 결과 종교에 대한 학문적 관심이 점증漸增되기 시작했다. 물론 저들의 학문적 방법이나 가설에는 이론적 근거가 불충분한 점도 없지 않았지만, 그런데도 저들은 종교학의 학문적 기반을 세우는 데 선도적 역할을 했던 위대한 사람들이었다. 저들이 주장한 이론의 다양성이나 학설의 상이성이 오늘날에도 논쟁의 시발점이 되고 있다. 이러한 학문적 행위들이 계속 반복되는 와중에 우리가 도출할 수 있는 결론은 모든 종교의 원초적 양태를 규명하기란 거의 불가능하다는 점이다. 그것은 인간의 이성적 판단으로 종교의 세계가 정의될 수 있는 것도 아니고, 인간의 지식으로 종교의 차원이 밝혀질 수 있는 것도 아니기 때문이다. 이것은 시대적으로나 지역적으로 종교의 생성-진화-발전 과정이 다르고, 종교와 문화의 관계 여하에 따라 종교에 대한 이해도 달라지기 때문에 종교는 상황적 해석에 의존적일 수밖에 없다는 말이다.

종교를 발생론적으로 고찰해 보면, 모든 종교에는 공통적인 요소가 있다. 이 요소가 종교의 본래성인데, 이것은 일상 언어로 발현되지 않고 종교 언어라고 할 수 있는 상징이나 신화, 혹은 의례로 표출된다. 이것은 종교가 궁극적 실재에 대한 상징적 의례행위로 인하여 발생한다는 것을 의미한다. 덧붙이자면, 종교 언어는 종교의 본래성을 표출할 수 있는 특수한 기능을 갖고 있고, 일상 언어는 종교의 본질을 서술하는 데 필요한 도구를 갖고 있다.

종교의 본질을 직관할 수 있는 언어와 종교의 현상을 서술할 수 있는 언어는 다르다. 이것은 규명의 대상에 따라 사용되는 언어가 다를 수밖에 없다는 점을 가리키는 것이다. 비유컨대 동심童心의 세계는 동화 나라에서 주인공들이 소통하는 언어로 이해되고, 우주의 구조는 천체물리학의 언어로 밝혀진다. 종교의 다양한 정의들은 일상 언어, 즉 세속적 언어로 종교현상을 분석하고 설명하려 했던 언어 선택의 오류에서 기인한 것이다. 언어 선택의 오류와 그에 따른 난삽한 표현방식이 종교 이해의 오류와 표현의 다양성을 초래했다는 말이다.

어린아이들에게는 그들에게 알맞은 언어와 행위, 사고와 이해의 세계가 있다. 즉, 어린아이들은 자신들만의 존재 양태를 갖고 있으며, 이것을 통하여 그들은 자신들의 존재와 세계에 대한 궁극적 가치와 의미를 발견하게 된다. 이렇듯이 각 종교는 그 종교만의 존재 양태를 갖고 있으며, 그래서 우리는 종교를 종교의 본디 존재 양태에 따라 이해함으로써 모든 종교의 공통적 요소와 본래성을 찾아낼 수 있다. 일상 언어는 종교를 기호로 표기할 수는 있지만 표출할 수는 없고, 종교 언어는 종교의 본래성을 상징이나 신화의 형식으로 표출할 수는 있지만 표기할 수는 없다.

인류의 종교사는 두 가지 방식으로 탐구됐다. 그 하나는 모든 종교의 의례와 표현을 현상분석적으로 해석하려는 방식이요, 다른 하나는 모든 종교현상을 일률적으로 인간의 이성적-사변적 방법론, 즉 철학적 접근방식으로 규명하려는 방식이다. 첫 번째 방식은 인간의 종교성에 현상학적으로 접근하려는 것이고, 두 번째 방식은 인간의 종교적 표상에 삶의 철학적으로 접근하려는 것이다.

이와 같은 종교 이해의 양면성을 에리히 프르지바라Erich Przywara는 매우 집약적으로 다음과 같이 서술했다.

종교의 문제는 상존常存, Sosein의 측면과 현존現存, Dasein의 측면이라는 두 가지 관점을 갖고 있다. 첫 번째 관점은 종교의 본질을 현상학으로, 두 번째 관점은 종교의 본질을 융통성 있는 현실론으로 언급할수 있을 것이다. 간단히 말해서 종교는 상존 문제와 현존 문제에 관한 담론이다. 상존 문제란 인간과 신의 관계를 내용적인 상태에 따라 진술하는 것이고, 현존 문제란 인간과 신의 관계를 인간에서 시작되었건 신에서 시작되었건 간에 현실적으로 진술하려는 것이다(Przywara 1927: 3).

정리해 보면 종교 문제는 두 가지 방식으로 다뤄지고 있는데, 그 하나는 종교의 현상학적 본질직관의 방식으로, 다른 하나는 현실주의적 대상 분석의 방식으로 접근해야 한다는 것을 의미한다. 이것은 종교 그 자체가 현상학적으로 분석되어야 하는 본질직관의 대상인 동시에 객관적이고 제도적인 가시적可視的 표현 자체이기도 하다는 말이다.

프르지바라는 종교를 실존철학적으로 해석했다. 그는 실존 분석으로 종교의 본질을 규정하려 시도한 존재론자요, 실존론적 현상학자다. 그가 사용한 "상존"과 "현존"이라는 개념들은 실존철학의 중심개념들이다. 프리드리히 볼노브O. F. Bollnow에 따르면 상존Sosein은 한 사상事象의 본질이며 'essentia'다. 그런가 하면 현존Dasein은 존재하는 사물의 실재며 현실적 존재, 즉 'existentia'다(Bollnow 1969: 19).

좀 더 간략히 서술하면 상존은 사물의 본래성本來性을 뜻하는 것이며, 현존은 사물의 본래성이 가시적으로 표현된 대상성對象性을 의미한다. 예컨대 인간을 '이성적 동물'로 규정하는 철학자들의 경우에는 '이성적 동물'이라는 본질이, 창조 신학의 관점에 따라 인간을 '하나님의 형상Imago Dei'이라고 믿는 기독교 신학자들의 경우에는 '하나님의 형상'이라는 본질이 인간의 상존이다. 인간의 현존은 학생, 교사, 농부, 근로자, 공무원, 군인, 경찰, 의사, 목사, 시인, 화가 등등 인간의 신분 상태를 가리킨다. 종교에 대한 상존적 이해와 현존적 이해에 따라 종교현상의 본래성과 대상성을 구별하는 방법도 달라질 수밖에 없다.

20세기의 철학 사조 중에서 실존철학만큼 영향력이 컸던 철학은 없다. 철학자 대다수는 키르케고르S. Kierkegaard를 실존철학의 비조로 일컫는다. 하이데거M. Heidegger와 야스퍼스Karl Jaspers, 마르셀G. Marcel과

페터 부스트Peter Wust, 사르트르J.-P. Sartre와 카뮈A. Camus, 카프카F. Kafka 등도 인간 실존의 여러 현상을 분석하여 철학이나 문학으로 표현했다. 유신론적 실존철학자들은 인간의 실존성을 궁극적 실재에 대한 인간의 종교성으로 규정한다. 어쨌든 종교학의 측면에서 보면 불안, 공포, 전율, 허무, 구토, 죽음에 이르는 병의 숙명, 고독, 시간성, 미완성의 존재성 등은 초월적 존재 앞에서 인간만이 소유한 종교성의 반사反射다. 한 마디로 말해서 인간의 실존성은 인간의 종교성이며, 인간의 삶은 종교적 본래성에 숙명적으로 연계된 실체다.

인간은 자기 자신으로부터 두 방향으로 초월하고 있는데, 외적이며 초자아적인 세계로 초월Hinaus-Transzendieren, Transzendenz과 내적이며 심층적인 자아 구조 속으로 초월Hinein-Transzendieren, Immanenz이 그것이다.

대체로 유물론자들은 인간의 종교성을 부정하면서 인간의 삶을 생산력과 생산관계의 가치체계로 구조화하려 한다. 저들의 이러한 행태는 가치의 절대성에 인간의 삶이 관계되어 있다는 것을 무의식적으로 시사하는 것이다. 그 반면에 유신론자들은 가치의 절대성을 종교적 성향으로 인식하며 믿음으로 승화한다. 유물론자들이 역설하는 물질적 가치의 궁극성은 유신론자들의 관점에서 보면 궁극적 가치로의 지향과 같은 것이다. 결과적으로 유물론자들도 가치의 절대성에 궁극적 의미를 부여한다는 점에서 무의식적으로 종교성을 믿고 있다. 무신론자가 "신은 죽었다"고 주장하며 신의 죽음의 명제를 제기하는 것은 자신의 존재를 이루고 있는 실존의 초월성Transzendenz에 대한 향수로 인하여 그의 시간성, 시간의 무상, 현존의 단편적 현상 등등 자신의 내재성

Immanenz을 드러낸 것이다. 무신론자는 이성적 판단으로 신 죽음의 명제를 주장하지만, 인간의 본래성에 대한 이해의 관점에서 보면 신 존재 부정은 신 존재 증명을 위한 역설법과 같은 것으로 간주된다.

'인간은 종교적이다'는 표현에 거부반응을 일으키며 부정적 행태를 취하는 사람도 있을 것이다. 하지만 그 역시 신의 존재를 부정하면서도 만물의 '초유初有', 즉 '존재의 근원'만은 부정할 수는 없을 것이다. 그리스 철학자들은 '존재의 근원Urgrund des Seins'을 '아르케arche'라고 했고, 신학자들은 신이라고 했다. 이러한 논리에 따르면 무신론자도 본디 유신론자다. 인간은 누구나 어떠한 양태로든지 초월적 존재와 관계된 숙명적 존재다.

종교학자들은 인간을 종교적이라고 규정하는데, 인간의 삶에서 종교적이라고 지적할 수 있는 현상은 무엇인가? 특정 종교의 특정한 종교성은 무엇이며, 그것은 어떻게 형성되었는가? 종교의 본질과 비본질은 어떻게 관계 맺고 있으며, 종교적인 본질과 비종교적인 본질, 성스러운 것과 세속적인 것, 영원과 시간의 상관성은 어떻게 종교의 형식과 내용을 구성하게 되었는가? 이러한 문제들이 다음의 연구 내용이 될 것이다.

제19강
종교와 현상학

종교현상학의 역사

종교와 현상학은 밀접한 관계를 맺고 있다. 종교 자체는 가시적 현상에서 불가시적 본질을 직관하는 행위이며, 바꿔 말하면 불가시적 존재를 가시적 형식으로 해석하는 행위이기도 하다. 여기서 종교가 초월적 존재라고 하는 실재를 인간의 삶의 내재적 차원에서 해석하는 행위를 종교적 의례, 혹은 표현으로 이해할 수도 있다. 그래서 인간의 가장 내재적 표현의 표출인 종교를 춤이란 생동성과의 관계에서 이해하려는 종교학자(Robert R. Marett)도 있다. 종교의 이와 같은 현상적 이해가 종교현상학이다.

오늘날 우리가 이해하는 것과 같은 개념으로 종교현상학이란 말이 사용된 것은 오래되지 않았다. 게라르두스 반 델 레에우Gerardus van der Leeuw는 그의 주저『종교현상학』(*Phänomenologie der Religion*)에서 "종교현상학의 역사는 짧다. 종교사는 연륜이 짧은 학문이며, 종교현상학은 아직도 유아기에 속한다. 이것[종교현상학]은 샹트피 드 라 소세이Chantepie de la Saussaye에 의해 비로소 알려지게 됐다"라고 역설하며, 샹트피를 '종교현상학'이란 말을 처음 사용한 사람으로 보고 있다(van der Leeuw 1977: §112, 1). 하지만 종교적 계시의 차원과 관련하여 종교현상학이란 용어를 처음 사용한 사람은 계몽주의 시대의 선교사들, 특히 라피토Joseph-François Lafitau와 주물숭배呪物崇拜의 창시자 샤를 드 브로스Charles de Brosses라고 단정했다(Ibid.).

레에우는 괴팅겐의 종교학자 크리스토프 마이너스Christoph Meiners를 최초의 종교현상학자로 단정한 적도 있다(Ibid.). 그 뒤를 이어 콩스탕Benjamin Constant, 그리고 낭만주의 시대에 들어와서는 종교현상을 원계시原啓示의 상징체계로 이해하였던 칸트, 헤겔, 헤르더, 슐라이어마허, 그 후 막스 뮐러와 아달베르트 쿤Adalbert Kuhn, 20세기 초에 들어와서는 헤르만 우제너Hermann Usener, 알브레히트 디트리히Albrecht Dietrich, 빌헬름 분트W. Wundt 등을 비롯하여 프랑스에서는 레비-브륄Lucien Lévy-Bruhl도 종교현상학의 학문화에 일조했다는 것이 레에우의 주장이다(Ibid.).

그는 계속하여 하일러F. Heiler와 오토R. Otto 그리고 해석학자이며 삶의 철학자인 딜타이W. Dilthey, 방법론적인 측면에서 종교현상을 제창한 요아킴 바흐J. Wach와 레에우, 그리고 스웨덴 웁살라Upsala의 대주교 나탄 쇠데르블롬Nathan Söderblom 등도 종교현상학에 이바지한 인물이라고 했다.

이외에도 알트하임Fr. Altheim, 베트케W. Baetke, 블리커C. J. Bleeker, 마르틴 부버Martin Buber, 오도 카셀Odo Casel, 프리크H. Frick, 그뢴베크V.

Grönbech, 로마노 과르디니Romano Guardini. 케레니K. Kerenyi, 롬멜H. Lommel, 로버트 마레트R. R. Marett, 발터 오토Walter Otto, 모리스 렌아르트 Maurice Leenhardt, 요한 페데르센Johan Pedersen, 비덴그렌Geo Widengren, 엘리아데M. Eliade, 카이와R. Caillois 등도 직간접적으로 종교현상학과 관련 있는 인물로 꼽았다(van der Leeuw 1977: §112, 1, n. 2).

종교현상학이란 무엇인가?

종교현상학은 종교현상 자체를 파헤치려는 부단한 노력을 하는 점에서 매우 적극적이고 역동적인 학문이다(van der Leeuw 1977: §112, 2).

레에우는 샹트피를 종교현상학이란 학문이 형성되는데 개척자라는 점을 분명히 했다. 그는 다음과 같이 주장했다.

샹트피 드 라 소세이Chantepie de la Saussaye는 종교현상학을 위하여 가장 위대한 공을 세웠다. 그는 1887년에 출판된 『종교사 교본』 (*Lehrbuch der Religionsgeschichte*)(2 Bde, 1887-89)에서 처음으로 종교현상학 요강을 제공했을 뿐만 아니라 종교의 외적 현상을 내적 과정으로부터 이해하려 했으므로 심리학의 넓은 공간을 할당했다(van der Leeuw 1977: §112, 1. D).

엔즈만C. M. Edsman도 샹트피를 "종교현상학의 창시자"라고 단정한다(*RGG* 1957: 1639). 샹트피가 그의 저서 『종교사 교본』에서 처음으로 '종교현상학'이란 낱말을 사용한 것 때문에 그를 종교현상학의 선구자로 보게 된 것이다.

　문제는 종교학을 서술하는데 종교현상학이라는 방법론이 왜 필요한가라는 것이다. 종교학은 매우 복잡한 학문이다. 종교는 시간과 공간의 차원에서 영원과 초월의 세계를 직관하는 행위이다. 사회학이나 물리학과 같은 구체적인 현상이나 물리적 대상을 분석하는 학문적 방법으로는 종교의 본질을 완전히 이해할 수 없다.

　종교는 성과 속을 상관적相關的으로, 때로는 대립적對立的으로 그리고 종래에는 종합적綜合的으로 관계시키면서 인간의 삶에서 역동하고 있는 삶의 본래성이다. 그러므로 종교학은 형식적으로 드러나 펼쳐진 제도적, 대상적, 질료적인 실존형태Existentiagestalten뿐만 아니라 내용적으로 분출되고 있는 원리적, 본질적, 형상적인 실체양태Essentiamodi까지도 수용하고 있다. 우고 비앙키Ugo Bianchi도 그의『종교사』(Storia delle religioni)에서 종교현상학이 샹트피의 영향을 받았음을 인정하고 있다(Bianchi 1975: 178).

　그러나 오늘날 우리가 이해하고 있는 종교현상학이란 샹트피가 이해했던 종교현상학과는 아주 다르다. 샹트피는 종교현상학을 종교의 본질을 직관의 방법론으로 이해한 것이 아니고, "종교의 외적 현상을 내적 과정으로부터 이해"하기 위하여 다양한 종교적 표현을 분류하고, 비교하고, 평가하는 전형적인 비교종교학적 개념으로 사용했다(van der Leeuw 1977: §112, 1. D). 그러므로 샹트피의 종교현상학은 비교종교학의 범주에 머물러 있다. 이때부터 종교 간의 상대적 비교연구가 시작되었다고 할 수 있다.

　종교현상학은 후설의 현상학에 많은 신세를 지고 있다. 루돌프 오토와 막스 셸러Max Scheler, 암스테르담 대학교의 종교사 교수였던 블리커와 종교사회학자로도 유명한 독일계 미국 종교학자 요아킴 바흐 등으로부터 받은 영향도 간과할 수 없다(Bianchi 1975: 178). 그러나 종교현상학의 대명사처럼 인식되는 대표자는 네덜란드의 그로닝겐 대학교의 종교사 교수였던 레에우이다.

레에우는 종교현상학의 원리적인 것과 방법론적인 것을 모두 후설의 현상학에서 도입하여 사용하고 있다. 현상학은 현상의 본질을 직관하는 학문이다. 역으로 말하면 현상에 관한 학문이 현상학이다. 여기서 말하는 현상이란 본질이 자기 자신을 드러낸 것을 의미한다. 이런 점에서 우리는 현상학을 자기 현현에 관한 이론이라고 부를 수도 있다.

신은 누구나 체험할 수 있는 가시적 존재도 아니고 통찰을 통해 알수 있는 대상도 아니다. 신은 인간이 체험할 수 있는 한계 내의 존재가 아니므로 인간은 신의 자기 계시를 통해서만 신을 알 수 있다. 종교현상학은 신의 본질을 직관하기 위하여 이차적인 어떤 것도 허용하지 않으며, 어떤 형태의 피규정성도 배제한다. 이것은 판단정지의 조건으로 신의 본질을 직관하도록 해야 한다는 것을 의미한다.

그러나 종교현상학에는 초월적인 본질과 내재적인 본질, 선험적인 것과 후험적인 것, 성과 속 등과 같은 대립적인 요인들이 서로 동시에 작용하고 있다. 레에우는 '종교와 이해의 이율배반antinomie'으로, 틸리히와 같은 신학자는 '이성과 계시의 상관관계correlation'로, 엘리아데는 '성과 속의 변증법dialectic'으로 서술하였는데, 이것이 종교현상학의 중심적 원리를 구성한다.

모든 종교는 종교 나름대로 여러 형식과 내용을 갖고 있다. 그리고 이런 종교의 형식과 내용은 본질적으로 그 종교의 기원과 발전과정 중에서 다른 종교를 배척해 왔다. 따라서 종교 간에는 항상 대립과 갈등 관계가 생기게 마련이다. 이런 관계는 종교의 생성과정이나 전통, 교리, 신앙형태 및 제도적인 면을 비교하며 고등 종교와 하등 종교로 평가되었다.

그러나 종교현상학은 종교를 절대적 존재인 신에 대한 신앙현상으로 간주하기 때문에 종교의 본질을 아무런 편견 없이 직관하려 한다. 만일 종교의 생성과정이나 전통, 교리나 신앙형태 및 제도 등을 통해 종교의 본질을 직관하려 한다면, 이것은 외모나 신분, 재력이나 가문 등등 '인간의 조건'으로 '인간의 본성'을 직관하려는 것만큼이나 잘못된 것이다. 인간의 본성 그 자체는 편견이 배제된, 인류의 보편성이다. 이 점을 인정한다면 종교도 이런 거추장스러운 모든 서술적, 부가적, 편견적, 독선적 요소를 제치고 나서 알맹이 자체를 보아야 할 것이다. 이런 행위 즉 순수한 의식을 추구하려는 행위가 현상학적 에포케epoche다. 레에우는 에포케를 다음과 같이 설명한다.

> 에포케란 냉정한 방관자의 태도가 아니다. 이와는 반대로 에포케는 사랑하는 사람을 바라보는 연인의 애정 깊은 눈길과 같은 것이다. 왜냐하면, 모든 이해는 헌신적 사랑을 바탕으로 하기 때문이다. 그렇지 않다면 종교에서 현현된 것[종교현상]에 관한 언급뿐만 아니라 자기 현현에 관한 언급도 절대 불가능할 것이다(van der Leeuw 1977: §111, 1).

그의 의도는 현상학을 종교에 적용했을 때 종교에서 현현되는 모든 것, 즉 종교현상을 어떠한 편견이나 전제 없는 순수한 관계에서 파악하려는 것이었다. 이러한 형태를 그는 사랑의 행위로써 비유했다. 한마디로 그는 에포케를 플라톤적 사랑의 개념이나 그리스도의 조건 없는 사랑의 행위처럼 편견 없는 순수한 것으로 이해했다(Ibid.).

레에우는 종교현상학에서 "신앙은 에포케를 그리고 에포케는 신앙을 배제하지 않는다"라는 점을 역설했다. 신앙은 종교의 차원에 속하고, 종교는 한계 체험에 속한다. 다른 말로 표현하면, 신앙은 인간의 전인적全人的 결단이 요구되는 순수한 행위이며, 신적 존재에 대한 조건 없는 믿음에서 가능한 현상이다. 그러므로 신앙의 현상을 분석한다거나 어떤 존재나 증거를 앞세워 비교·평가한다는 것은 종교현상학의 본디 임무가 아니다.

에포케는 어떤 조건에 의해 본질을 판단하려는 행위가 아니고, 본질 그 자체를 파악하려는 순수한 의식 행위다. 종교현상학에서는 에포케를 종교의 본질을 직관하기 위한 편견 없는 행위로 이해한다.

종교현상학은 현상학의 본질직관의 방법론을 신앙으로 이해하고 있다. 신앙은 초월적 세계를 지향하는 인간의 행위다. 따라서 신앙 이외의 것으로 신앙을 해석할 수는 없다. 이 점에서 우리는 딜타이가 "삶을 삶 자체에서 이해"하려 했던 것을 종교의 본질을 이해하기 위해서도 받아들여야 할 것이다.

하지만 종교현상학은 신앙에 대한 지향만으로 정립되는 방법론이 아니다. 만일 신앙의 차원을 지향하는 점에서 종교현상학을 서술하려 한다면 종교현상학은 세속적인 것을 버리고 성스러운 것으로 지향하려는 비현실적이고, 초현세적인 것으로 머물 것이다. 이런 종교의 유형과 과정을 우리는 신비주의나 내세주의라고 부를 수 있을 것이다. 이런 종교형태는 개인주의의 신앙형태에 불과하다.

종교현상학은 종교의 본질 자체에 대한 인간의 절대적 지향, 즉 종교의 절대적 고유성을 지향한다는 점에서 신비주의나 내세주의적인 차원에 머무르지 않고 종교 그 자체를 직관하려는데 있다. 그러기 위하여 종교현상학은 종교에 대한 신앙행위에 편견이나 선입견을 개입시키지 않고 사실 그 자체만을 직관하려 한다. 여기에서는 특정한 종교의 신앙형태나 내용이 문제 되는 것이 아니고 종교가 인간에게 주는 힘, 작용, 영향이 더 문제 된다.

종교현상학은 현상학적 에포케를 순수 의식을 지향하는 행위, 즉 편견과 독단 및 교리를 배제한 순수한 행위와 삶을 삶 자체로 이해하려는 해석학적 방식이 조화-일치된 상태에서 종교학에 적용될 수 있다. 단적으로 말해서 종교현상학이란 현상학적 에포케를 '현상학적-해석학적 방법phänomenologico-hermeneutische Methode'으로 전이한 것이며, 현상학의 응용분야다.

레에우는 종교현상학을 종교문학, 종교사, 종교심리학, 종교철학, 그리고 신학 등등 이런 여러 학문이 "분수를 지키도록 가르쳐줘야 하는" 학문이라고 역설했다(van der Leeuw 1977: §111, 2). 그는 종교현상학자의 역할을 다음과 같이 정리했다.

첫째, 제물Opfer, 기도Gebet, 구세주Heiland, 신화Mythus 등등 이런 여러 현상에 이름을 부여해야 한다.

둘째, 현현된 것Was sich zeigt을 체계적으로 체험해야 한다.

셋째, 현현된 것을 측면에서 직관해야 한다.

넷째, 직관된 것das Geschaute을 정확히 파악할 수 있도록 진술해야 한다.

다섯째, 진술한 모든 행위를 종합하면서 본질로부터 자기 현현된 것das sich Zeigende을 이해하도록 해야 한다.

요컨대 종교현상학은 규정되지 않은 것, 아직 해석되지 않은 상징들(징표)을 편견 없이 직관epoche하여 이해한 후 종래에는 그 이해된 것 Verstandenen을 증언해야 한다.

레에우는 계속하여 "종교현상학은 종교의 역사적 발전에 관해서는 아무것도 모른다. 종교의 기원에 관해서는 더욱 모른다"라고 말하면서 종교현상학과 종교사는 무관하다는 점을 강조했다(van der Leeuw 1977: §111, 3). 그러나 현실적으로 보면 종교의 기원과 발전 자체를 배제하고서는 종교현상학 자체가 성립될 수 없다. 레에우는 이점을 간과했다.

모든 형태의 종교적 표현은 종교현상학의 차원에 속한다. 이런 의미에서 페타쪼니Raffaele Pettazzoni는 종교학에서 종교의 "현상적 요인 phenomena"과 종교의 "발생적 요인genomena"을 상관시키면서 종교학 방법을 시도하고 있다. 그는 현상학적 구조와 역사적 발전의 관계가 서로 보완적 관계에서 그 일을 다 하고 있을 때 완전한 것으로 생각하고 있다.

페타쪼니는 다음과 같이 결론지었다.

현상학과 역사학은 서로 보완한다. 현상학은 민족학, 문헌학, 그리고 역사학의 여러 학문을 제쳐놓고는 연구할 수 없다. 그 반면에 역사학이 포착할 수 없는 부문에 종교적 의미를 부여하는 것은 현상학이다.

이러한 논지에 따르면 종교현상학은 역사에 대한 종교적 이해를 촉진하는 학문이며 종교적 차원에서 이해한 역사학이다. 종교현상학과 역사학은 두 개의 과학이 아니라 종교학을 보충하는 불가결한 두 국면이다. 이렇게 함으로써 종교학은 유일하고 고유한 주제에 의해 주어진, 매우 잘 정의된 개성을 갖게 된다.*

---

* Raffaele Pettazzoni, "The Supreme Being: Phenomenological Structure and Historical Development," in *The History of Religions*, ed. by Mircea Eliade and Joseph M. Kitagawa (Chicago: University of Chicago Press, 1973): 66. Cf. Ugo Bianchi, *The History of Religions* (Leiden, Netherlands: E. J. Brill, 1975): 200f.

제20강
성의 본질

지금까지 우리는 종교현상에 대한 현상학적 방법의 적용 가능성과 필연성을 구명究明하면서 종교 일반의 넓은 의미와 기능을 탐구해보았다. 그리고 내린 결론은 종교를 질적으로나 양적으로 등급화 하여 그 가치를 평가해서는 안 되며, 종교의 본질 그 자체를 직관해야 한다는 것이다. 이것이 종교현상학의 현상학적-해석학 방법이다. 그렇다면 모든 종교에는 어떤 공통적 요인이 있어야 할 것이다.

종교현상학은 한마디로 이런 공통된 요인을 찾아내기 위한 종교학자들의 방법론이며, 종교의 본질을 발굴해 내기 위해 종교 그 자체를 어떠한 편견도 없이 직접 그리고 순수하게 직관하려는 태도다. 따라서 종교현상학은 특정 종교의 기원, 전통, 교리 및 구조에는 관심이 없고, 종교현상을 보편타당하고 정확하게 밝혀내려는데 관심을 기울이고 있다. 그렇다면 우선 종교현상학은 그 자체가 관심을 두고 있는 종교현상에 대하여 이해하고 있어야 할 것이다. 이 장章에서는 종교현상을 해석해가며 종교학의 현상학적 이해를 시도하려 한다.

비록 종교의 생성-진화-발전의 과정이 유사하더라도 각각의 종교는 그 종교 나름대로 시간적 조건과 공간적 조건에 따라 범주화되었기 때문에 어느 종교를 막론하고 실존적 양태를 벗겨 버리고 구현된 모습으로 표현되었을 때는 서로 다른 것이 사실이다.

종교의 차이점과 공통점은 종교 간의 비교를 통해 극명하게 드러난다. 이것은 종교를 비교함으로써 종교의 특수성이 주목받는다는 말이다. 이것은 마치 장미꽃과 무궁화 꽃을 비교하여 각각의 특징을 밝혀내는 일과 같은 것이다. 그러나 현상학은 장미꽃과 무궁화 꽃의 현상을 형상에 따라 비교하는 데 목적을 둔 방법이 아니고, 오히려 이러한 모든 전제를 배제하고 나서 꽃 그 자체의 본질을 직관하려는데 목적을 둔 방법이다.

종교현상은 한없이 많은 양상을 띠고 표현되어 있으므로 이것들을 모두 열거한다는 것은 사실상 불가능한 일이다. 한편에서는 종교의 특수한 형식을 종교현상으로 규정하기도 하고, 다른 한편에서는 그런 형식을 배제하기도 한다. 그러므로 종교현상학은 모든 종교에 공통적으로 함유된 보편적 본질을 먼저 찾아내어 진술하고 나서 특수한 현상을 서술해야 할 것이다.

종교현상은 비록 형태는 다양해도 '성스러운 것the sacred'과 '세속적인 것the profane', 즉 거룩한 본질의 차원과 세속적 현상의 차원이 공재하는 실재다. 종교현상학은 모든 종교가 이 두 차원의 세계를 수용하고 있으면서 현현하는 것이라는 사실을 증명하는 데 목적을 둔 방법론이다.

이렇게 본다면 고대의 원시종교로부터 현대의 고등 종교에 이르기까지 인류의 모든 종교는 종교의 본질로서 성스러운 것과 세속적인 것을 다루었으며, 이러한 성과 속의 관계 속에서 영원한 것과 시간적인 것의 만남 현상을 믿어왔다. 종교현상은 시간이나 공간, 역사나 문화 등에 따라 다양한 모습으로 표현되며 전하여 내려왔다. 하지만 그것에 대한 신앙행태가 달라진 적은 없다.

인간은 처음부터 철저히 이원론적二元論的 사고구조로 되어 있었다. 인간은 본능적으로 영원과 무한의 성스러운 차원과 시간과 공간의 세속적 차원을 생명과 죽음, 낮과 밤, 빛과 어둠, 큰 것과 작은 것, 무거운 것과 가벼운 것, 힘센 것과 약한 것, 그리고 오는 것과 가는 것 등과 같은 삶의 현상이나 자연환경 가운데서 체험하며 생존해왔다. 원시인들은 이런 이원론적 세계구조를 매우 단순한 방식으로 이해하며, 삶에 직접 수용하여 생활화했다.

인간은 현재의 삶에서 죽음을 알고 있는 존재다. 인간은 그가 죽음을 준비하고 있다는 점에서 동물과 차별되는 존재이다. 동물은 환경에 적응해 가며 살아가고 있는 환경 의존적 존재이지만, 인간은 주어진 환경을 자신의 삶을 위한 세계로 만들어가며 살아가고 있는 환경 지배적 존재며, 환경 초월적 존재다. 간단히 말해 인간은 지금 이곳(此岸)에서 내일의 저곳(彼岸)에 이르기까지, 삶에서 죽음에 이르기까지 자기 자신을 완전히 개방한 존재다. 인간은 삶과 죽음의 숙명을 알고 있는 존재, 삶의 영원한 차원을 사변할 수 있는 존재다. 인간만이 죽음의 숙명이 속俗의 차원을 지배하고, 죽음을 초월한 삶이 성聖의 차원에 속한다는 진리를 터득하고 사는 존재다. 이것이 인간과 동물이 다른 점이다.

성에는 이미 인간의 신앙 속에서 존재화한 세속적인 실재의 성화된 개념, 의미, 실체 같은 것이 포함되어 있고, 속에는 성의 본질이 포함되어 있다. 그러므로 속 자체에서 종교적인 실체, 즉 성적 본질이라든가, 성적 속성이 완전히 배제된다면, 그것은 대상적인 것, 사물적인 것, 무생물적인 비존재에 불과할 뿐이다.

엘리아데는 성과 속은 대립적이며 불가분리적인 종교현상임을 구명究明하며, 자신의 종교관을 성과 속의 변증법, 성과 속의 "반대일치 coincidentia oppositorum"라는 개념으로 정리했다.*

성과 속의 변증법

1. 종교학자들은 종교의 본질과 현상을 비교-분석-해석-이해하며 규명하는 일에 몰두하고 있다. 그뿐만 아니라 저들은 종교의 상징체계를 해독解讀하는 작업을 종교학의 연구 태도로 보고 탐구를 계속하고 있다.

이런 종교학 방법에 기독교 신학까지도 깊은 관심을 두고 관조하고 있다. 심지어 신학의 종교화에 적극적인 신학자들은 '기독교 신학'이라는 용어 대신 '종교신학'이라는 용어를 사용하며 신학연구의 방법론적 기초까지도 종교현상학적 관점에서 정립하려 시도하고 있다. 그리고 최근에 와서는 기독교에 대한 이해를 신화적, 제의적, 현상적, 문화적 배경에서 추적하면서 기독교를 종교로 서술하고 있다. 이것은 신학

---

* '성은 속의 반대'라는 용어는 엘리아데의 독창적 표현이 아니다. 그보다 먼저 카이와 (Roger Caillois)가 이 용어를 사용했다. 엘리아데 스스로 이러한 사실을 자신의 저서 *Patterns in Comparative Religion*에서 밝히고 있다(Eliade 1966: xiv). 그는 이 저서에서 "지금까지 종교현상학에 주어진 모든 정의는 한 가지 공통점을 가지고 있다. 누구나 성과 종교적 삶은 속과 세속적 삶의 반대라는 것을 설명할 수 있는 그들 자신의 방법을 가지고 있다"(Eliade 1966: 7)라고 역설하면서, 이 개념의 보편성을 역설했다(Eliade 1966: 12). 성과 속의 "반대일치*coincidentia oppositorum*"라는 용어를 신조하여 사용한 최초의 인물은 니콜라우스 쿠사누스(Nicolaus Cusanus)다.

이 종교학의 형식으로 옮겨가는 경향을 보이기 시작했다는 말이다. 이런 일이 일어나고 있다는 것은 두 가지 점에서 생각해 볼 수 있다.

첫째, 이것은 신학이 이미 성과 속의 반대일치라는 불가역성不可逆性을 수용하기 시작했다는 것을 시사한다. 신은 땅 어느 곳에나 편재하여 존재하므로 땅 그 자체가 성스러운 곳이다. 하지만 신학은 아직도 특정 국가나 지역만을 성소로 간주하며, 신의 초월성을 주장한다. 이것이 신학의 폐쇄적 독선주의다. 하지만 이제는 신학이 성과 속, 이성과 계시의 한계상황boundary situation에서 더는 독선주의를 고집할 수 없게 되었다. 신에 대한 현대인의 신앙관이 그만큼 달라진 것이다. 이런 상황에 직면하게 되면서 신학은 종교화를 통해 스스로 그 한계성을 초월하여 새로운 신학으로 탈바꿈하려 움직이고 있다.

둘째, 이것은 신학이 문화의 본질이라는 고집을 버리고, 문화의 다양한 현상 중 하나로서 문화와 관계를 새로 정립해가고 있다는 것을 의미한다. 종교를 문화의 본질로 보든지, 문화의 현상으로 보든지 간에 모든 종교는 문화의 유산이다. 그런데 만일 기독교가 문화와 관계에서 문화의 형식인 점을 부정하며 특수 계시만 주장한다면 '계시의 광장'(인간)이 문제가 될 것이다. 이런 경우 계시의 수용자인 인간과 문화의 결정체인 인간이 분리돼 버릴 것이다. 계시를 종교신학자는 문화로 해석하려 하지만, 기독교 정통 신학자는 문화 내에서 현현된 하나님의 섭리와 구속의 사건으로 믿는다.

기독교는 '종교'라는 개념으로 정의되고 이해되기를 거절한다. 기독교는 신의 인간화(성육신)와 구속사적 현현에 강조점이 맞춰져 있으므로 역사라든가 문화와 같은 차원에서 발생한 일반 종교들과는 질적인 차이가 있다는 점을 강조한다. 그뿐만 아니라 기독교는 역사 내의 계시를 믿기 때문에 '인간이 만든 종교'가 아니라고 주장한다. 이런 배타주의의 관점에서 보면 종교신학이란 기독교를 상대화하는 신앙태도다.

기독교의 본질이 상대화된다면 기독교는 절대성을 상실하게 되어 와해될 수도 있을 것이다. 그렇다고 다른 종교인에게 기독교를 설명해 주어야 할 때, 기독교만 구원의 종교이므로 기독교는 다른 종교와 같은 그런 종교가 아니라고 말할 수 있을까? 이런 모호한 상황에서 현대신학은 자의든 타의든 점점 종교신학으로 변모해 가고 있다.

엄밀히 말해서 종교란 개념 자체가 기독교의 상대화를 촉진하는 것은 아니다. 종교란 개념은 중립적이므로 제한적 의미나 부정적 측면으로 사용해서는 안 된다. 그렇게 되면 다른 종교와 차별화된다는 유아독존의 종교, '종교 중의 종교'라는 독단적獨斷的 종교관이 성립되는데, 이런 태도는 이단적 신흥 종교형태나 염세주의적 종교로 이질화되어 사교邪敎로 전락하게 된다.

2. 종교학은 신학과는 다른 범주에 속한다. 종교학은 종교에 관한 탐구나 과학으로서 교리나 전통에 구속됨이 없이 자유로운 사변과 현상 분석에 기초할 수 있다. 종교학은 종교적 상징에 관심을 두고 있다. 그러므로 종교학자는 종교적 체험이나 세계관과 결합하여 있는 종교적 상징을 경험적 접근방법으로 해석하려 한다. 그 반면에 신학은 종교적으로 체험한 내용에 대한 조직적 반성을 포괄하고 있으며, 창조주 하나님과 피조물 인간 간의 관계에 대한 더 깊고 명료한 이해를 목적으로 한다 (Eliade 1973b: 88).

제21강
성의 존재 양태

루돌프 오토의 누미노제

성聖이란 '성스러운 것'의 포괄적 의미로서 종교의 진수를 이루는 개념이다. 루돌프 오토Rudolf Otto는 그의 저서 『성의 본질』(*Das Heilige*) 16장 「선험적 범주로서 성스러운 것」(Das Heilige als Kategorie a priori)에서 "성스러운 것이란… 종합적 범주다. 성의 합리적 요소와 비합리적 요소가 이 범주를 종합하는 동인이다"라고 정의하며, 이 범주를 "순수한 선험적 범주eine Kategorie rein *a priori*"로 규정했다(Otto 1936: 137).

그는 성의 초자연성을 정확하게 이해하고 있을 때에만 종교의 역사적 생성-진화-발전 과정이 규명할 수 있으며, 비록 그런 현상 자체를 종교적이란 의미로 이해하려 하지 않더라도, 그것이 종교의 발생 초기에는 매우 특이하고 그래서 거의 초자연적인 위력으로 여겨졌다고 주장한다.

구체적으로 말해서 "사자死者신앙과 사자숭배, 정령신앙과 정령숭배, 주술, 우화 그리고 신화, 두렵거나 경이로우며 해가 되거나 유용한 자연 대상들에 대한 존엄성, 신령에 대한 특별한 관념, 주물숭배와 토템 신앙, 동물숭배와 식물숭배, 악령 신앙과 잡귀 신앙" 등등 이런 여러 현상 자체가 종교발생의 동인이었고, 종교형성의 효시嚆矢였다는 것이다. 그는 이 요소에 고유한 양식이 가미되어 종교의 기원을 이루는 원초적 종교형태가 이루어진 것으로 간주했다. 한마디로 원시신앙이 성스러운 것의 원초적 형태였으며, 이것이 종교형성의 원형이었다는 것이다(Otto 1936: 143). 그는 이 요소를 누미노제das Numinose라고 했다.

누미노제는 심리학의 중심개념인 동기화나 감각론에서처럼 감각이나 지각에 따른 인식행위 등으로 체험할 수 있는 실체가 아니고, 신성의 총체적 실체로 인간에게 엄습해오는 초월성이다. 누미노제는 성의 본질로서 선험적으로 자아 속에 잠재된 피조물 감정이며, 초월적 존재에 대한 두려움과 매혹의 감정이다.

그는 누미노제를 여섯 가지 범주로 분류했다.

첫째 범주는 피조물 감정das Kreaturgefühl이다. 두 번째 범주는 두려운 신비감mysterium tremendum으로서 두려움tremendum, 장엄함majestas, 정력적인 것Energischen, 전적 타자das Ganz Andere 등의 위력으로 누구에게나 엄습해오는 것이다. 세 번째 범주는 누미노제 송가Numinose Hymnen다. 그리고 네 번째 범주는 매혹적인 것das Fascinans, 다섯 번째 범주는 거대한 것Ungeheuer, 여섯 번째 범주는 신성한 것Sanctum이다.

구체적으로 말해서 누미노제는 단순한 감정이라기보다는 전적 타자 앞에서 느끼는 감정과 같은 것이다. 이 개념을 그는 "누미노제 감정"이라고 했다. 누미노제 감정은 슐라이어마허 신학의 중추를 이루는 개념인 신에 대한 "절대의존의 감정das schlechthinige Abhängigkeitsgefühl"과 유사한 것으로서 초월적 존재에 대한 선험적 범주에서 일어나게 되는 것이다. 누미노제 감정은 모든 전제가 배제된 상황에서 성스러운 것과 맞닥뜨렸을 때 순간적으로 느끼는 감정이다. 이것은 신비주의적으로나 경험론적으로 체험될 수 있는 감정이 아니고, 인간의 원초적 감정이다.

오토는 슐라이어마허의 절대의존의 감정과 자신의 누미노제 감정의 차이점을 부각하려 했다. 하지만 종교적 정서의 차원을 절대화했다는 점에서 이 두 사람 간에는 이론異論이 없다. 그런데도 오토가 슐라이어마허의 감정 개념을 비판하는 이유는 무엇인가? 이에 대해 그는 다음과 같이 설명하고 있다.

첫째, 슐라이어마허가 주장하는 절대의존의 감정은 엄격한 의미에서 보면 의존감정이 아니라는 것이다. 왜냐하면, 이 감정은 인간의 삶의 여러 영역에서 비록 불충분하고, 무기력하며, 환경 등에 제약된다 할지라도 실제로 느껴질 수 있는 감정이어야 하는데, 그렇지 않다는 것이다. 그는 슐라이어마허가 용어상으로만 감정을 절대적인 것과 상대적인 것으로 구분하였을 뿐 질적으로 구분하지는 못했다고 비판한다.

그러면서 그는 자신과 슐라이어마허의 감정 개념이 다른 점을 분명히 드러내려 했다. "나는 티끌이나 재와 같사오나 감히 주께 아뢰나이다(창 18: 27)"라는 아브라함의 고백을 그는 의존감정의 진정한 의미로 받아들이려 한다. 그는 이 감정을 슐라이어마허의 절대의존의 감정과 질적으로 다른 차원의 감정이며, 피조물 인간이 창조주와 만나는 순간 스스로 "무無"로 침전되는 것 같은 감정이며, 자기 자신에게 엄습해오는 심오한 감정 같은 것이라고 했다. 이 감정을 오토는 "피조물 감정Das

Gefühl der Kreatur, *Kreaturgefühl*'이라고 했다(Otto 1936: 9-10).

둘째, 슐라이어마허는 절대의존의 감정으로 "종교적 감정의 고유한 내용"을 규정하려 했지만, 이 감정은 초월적인 것에 대한 감정이 아니고 "자기감정ein Selbst-Gefühl"이며, 절대자에 대한 의존감정이 아니고 개인적으로 지각한 대상에 대한 의존감정일 뿐이라는 게 오토의 평評이다.

그 반면에 오토는 피조물 감정을 누미노제적인 것이 수반隨伴되는 주관적 요소며, 작용이며, 동시에 '두려움', '외경' 등과 같은 감정에 드리워진 그림자와 같은 것이라고 했다.

피조물 감정은 자아自我 바깥에 있는 객관적인 것에 직접 관계되어 있으므로 절대의존의 감정보다 더 궁극적이고 초연하며, 그렇기 때문에 일상생활에서 느끼는 감정이나 공포심과 본질적으로 다르다는 게 그의 주장이다. 그는 누미노제 그 자체를 누멘numen에서 개념화된 것이라고 했다(Otto 1936: 10-11). 이것이 오토가 말하는 누미노제 감정이다. 그는 이 감정을 성의 차원에 포함하며, 두려운 신비*mysterium tremendum*라고도 했다. 그리고 이것을 실존적 떨림이나 전율이라는 개념으로 풀이했다.

필자는 이런 현상을 포괄하고 있는 개념을 '누멘 현현', '누미노파니Numinophanie, numinophany'라고 부르는 것이 좀 더 정확한 개념 이해가 되리라고 본다. '누멘 현현'이란 초월적 존재 앞에서 단독자로서 느끼는 누미노제 감정의 계시성이 복합된 종합적 현상이다. 'Numinophanie'란 필자가 신조新造한 용어다. 누미노제 감정을 전인적 현상으로 해석하려는 의도가 거기에 담겨있다.

누미노제 감정은 성스러운 것에 직면했을 때 엄습하는 두려움과 전율의 범주에서만 표출되는 것이 아니고, 세속적인 것(피조물)의 아름다움과 위용에 경탄驚歎, 매혹, 황홀했을 때도 표출된다. 그가 이 감정을 합리적인 것과 비합리적인 것, 즉 전신에 엄습하는 "두려움과 매혹의 신비mysterium tremendum et fascinosum"가 종합되어있는 현상으로 해석하는 것은 이런 이유 때문이다.

미르치아 엘리아데의 히에로파니

성聖은 종교와 분리될 수 없는 요소다. 성은 모든 종교의 기초가 될 뿐만 아니라 종교를 구성할 수 있는 요인이기도 하다. 그뿐만 아니라 종교와 종교 아닌 것을 구별하는 척도가 곧 성이다. 이처럼 성에 의하여 종교의 구성요소가 결정되기 때문에 종교학자들은 성의 이해와 정의에 심혈을 기울이고 있다.

성은 종교적이고, 종교적이 아닌 것은 성이 아니라는 이분법적 논리에 따르면 성과 속의 변증법으로 존재성을 지닌 종교의 본질은 모순적이다. 하지만 실제적으로는 이 논리 자체가 모순적이다. 현실적으로 성스러운 것은 세속의 현상에서 발현되어 표출되므로 모든 종교는 성과 속의 차원을 동시에 포괄하고 있다. 이것이 종교의 불가피한 숙명이다.

미르치아 엘리아데Mircea Eliade에 따르면 "성의 양면 가치는 심리적 상태에는 물론, 가치의 상태에도 있다. 성은 '신성한 것sacred'인 동시에 '부정한 것defiled'이다"(Eliade 1966: 14-15).

성의 이중적 의미가 종교학의 주요한 담론으로 대두하기 시작한 역사는 오래되었다. 세르비우스Servius는 성*sacer*을 '신성'과 '저주'가 함께 있는 것이라고 했다. 에우스타티우스Eustathius도 '순결함pure'과 '불결함polluted'이 모두 포함되어있는 개념으로 성의 의미를 사용했다. 성은 영원한 존재인 신과 유한한 존재인 인간의 관계를 결속하는 실체다.

엘리아데는 여러 면에서 현대종교학에 지대한 영향을 끼쳤다. 그는 어떠한 종교 학파의 영향도 받지 않았기 때문에 사상적 뿌리가 없다는 비난도 받는다. 하지만, 학파의 배경이나 사상적 지주가 없다고 하더라도 그의 몸에 배어있는 동유럽적인 감성적, 현실적, 종교적, 신비적 기질은 오히려 종교의 본질을 이해하는데 더 깊은 통찰력과 진술을 가능케 했다.

그는 종교현상의 서술과 분석에도 관심을 보였다. 그는 종교를 합리성이 배제된 상태에서 이해하기 위하여 종교의 원형인 신화에 대한 해석을 시도하였고, 언어발생 이전 인간의 종교성을 상징이나 의례와 같은 것에서 찾아내려 했다. 이것이 그가 종교의 생성-진화-발전 과정에 대한 논구論究를 반대하는 이유다.

그의 관심은 종교가 원시종교에서 고등 종교로 어떻게 진화해 왔는지 밝혀내려는데 있지 않고, 종교성이 왜 인간의 본성인지 파헤쳐 내려는데 있다. 인간은 하나같이 종교적이다. '종교적'이라는 삶의 특수한 형식으로 인간을 바라보면 우리가 역사학적으로나 고고인류학적으로 '원시인'이라든가 '현대인'이라는 말을 쓸 때의 차이나 '불을 발견한 인간'이라든가 '불의 사용을 모르는 인간' 등의 구별은 의미가 없다는 말이다. '호모 렐리기오수스'로서 인간은 원시시대에서 오늘에 이르기까지 질적인 차이가 없다는 게 그의 주장이다(Eliade 1975a: 8-9).

엘리아데에 따르면 인간은 실재적인 것을 갈망한다. 그는 온갖 수단을 다해 본원적 실재의 바로 그 근원에 거하려 한다(Eliade 1959: 80). 따라서 인간은 주기적으로 신성불멸의 시간에 잠길 필요를 느낀다(Eliade 1959: 88). 부연하면 인간은 그가 처해 있는 삶의 정황과 관계없이 언제나 초월적이며 내재적인 신성을 믿는다(Eliade 1959: 202). 이 말을 광의적으로 해석하면 인간은 누구나 원초적으로 종교성을 지닌 존재라는 것이다(Eliade 1959: 213).

이런 맥락에서 그는 인류사를 시공간의 범주와 상관없이 언제 어디서나 부단히 드러나는 신성에 대한 기록으로 간주했다(Eliade 1959: 25). 신성이 드러나는 이러한 현상이 그가 말하는 "성현聖顯, hierophany"이다.

'hierophany'는 희랍어 '*hieros*聖'라는 말과 '*phainein*나타나다'이라는 말의 합성어로서 '성스러운 것이 현현顯現하다'라는 의미로 쓰인다. 그런데 이 성스러운 것은 언제 어디서나 어떤 것을 통해서도 현현된다(Eliade 1959: 26). 시간적 양태나, 공간적 표현이나, 자연현상이나, 인간의 삶의 정황 등이 현현의 매개가 될 수도 있다. 이것은 매우 다양한 형상과 양태로 성스러운 것이 현현된다는 것을 의미한다. 성현은 단순한 것에서 복잡한 것으로, 그리고 기초적인 신앙에서 복합적인 신앙으로 점진적으로 확대해 나간다.

엘리아데는 마나*mana*나 비상한 물건에 깃들어있다고 믿는 원시적인 신앙형태의 성현에서 토템신앙, 주물숭배, 자연숭배, 정령숭배, 신에 대한 예배, 마귀숭배, 그리고 유일신숭배로 발전되었다는 종교진화론을 부정한다(Eliade 1966: xiv-xv).

그는 성스러운 것의 현현, 즉 성현은 주로 생식능력이나 초자연적 위력을 지닌 것, 의례적인 것, 웅장한 것, 신비한 것 등으로부터 부여됐다고 주장한다.

원시시대 인간은 지리적으로나 문화적으로 서로 교류함이 없는 단세포적 생활권에서 살았다. 하지만, 우연스럽게도 우주만물 가운데 특이하거나 비상한 대상에 생식능력이나 초자연적 위력이 있다고 믿으며 신성한 것으로 숭배했던 흔적이 지구상의 여러 곳에서 발견되었다. 심지어 인간의 신체 일부까지도 신성한 것으로 여기며 성현의 대상으로 숭배했던 흔적도 세계 곳곳에서 발견되었다.

인도인과 알타이인은 서로 교류한 적이 없었는데, 어떻게 우주목宇宙木이나 세계의 축Axis Mundi에 대한 상징과 인간이 식물에서 유래됐다는 공통된 신앙을 갖게 되었는가? 생산-번식-풍요의 신인 대지의 어머니Tellus Mater에 대한 숭배가 아프리카나 오스트레일리아, 남북 아메리카, 북 인도나 중국, 그리스, 로마, 이집트, 스칸디나비아 등지에서도 발견되는데, 어떻게 그런 현상을 설명할 것인가? 문화권 간에 아무런 교류도 없었지만, 성현의 내용과 형태가 매우 유사하거나 같았다는 것은 종교성이 인간의 의식에 잠재되어 있다는 것을 의미한다. 종교학의 견지에서 말하면 종교성은 인간의 본성이다.

엘리아데는 성현을 심리적, 경제적, 정신적, 그리고 사회적 생활의 모든 영역에서 사용하고 있음을 시사示唆하면서 어떤 것이 왜 성현으로 변화되면서 세속적이기를 그만두었는지에 관심을 두기보다는 인간이 다루었고, 느꼈고, 접촉했고, 사랑했던 것도 성현이 될 수 있다는 사실을 밝혀내려 했다.

어린아이들의 몸짓, 춤, 놀이, 장난감 등도 성물聖物로 숭배된 적이 있었다. 이런 것들이 옛날에는 종교의 의례행위였고 대상이었다. 악기, 건축물, 운송 수단인 마차, 동물, 배 등이 성물로 숭배된 적도 있다.

종교의 관점에서 볼 때 종교와 관계되지 않는 사물은 거의 없다. 동물이나 식물은 물론 일상적 동작, 지역적 특성, 생리적 행위, 심지어 언어적 개념까지도 특수한 것은 성현의 대상이 되었고 성현된 것으로 신앙되었다(Eliade 1966: 12).

한마디로 모든 것은 성현이 될 수 있으며, 동시에 모든 것은 성현이기를 그만둘 수도 있다는 것이 엘리아데의 성적 요소와 세속적 요소의 관계이다. 이것이 성과 속의 변증법이며, 성과 속의 반대일치다. 성현은 그래서 성과 속이라는 서로 반대되고 대립적인 두 실체를 내포하고 있다. 이런 원리 때문에 성현은 모순적이기도 하며, 양면 가치를 종합한 것이기도 하다.

제3편

종교현상과
성현의 범주들

머리말

"예쁜 소녀에게는 이름도 많다"라는 아프리카의 유명한 속담이 있다. 용모가 예뻐 많은 사람의 관심이 쏠리게 되면 자연히 사람들의 입에서 입으로 그 소녀에 관한 것들, 이를테면 얼굴의 모양, 이목구비, 돌출한 엉덩이, 몸짓, 말투나 웃음, 하얀 이빨, 검은 잇몸 등등 그들이 생각하는 미적(美的) 요소들과 일상 습관이나 가족 관계 같은 것들이 화제 대상이 되는 것은 인간사회의 어디에서나 볼 수 있는 일반적 현상이다. 입술이 두껍고 피부가 유난히 검으면서 윤기가 흐르는 것을 미인의 척도로 꼽는 종족의 경우에는 이런 기준에 부합한 미녀를 '입술이 두꺼운 소녀'라든가 '반짝이는 흑진주'로 호칭하고, 유방이 길게 늘어져야 미인으로 인정되는 마사이Masai족이나 간다Ganda족, 산데Sande족의 경우에는 길게 축 처진 유방을 가진 처녀를 '쇠젖의 여인'이라는 별명으로 부르기도 한다.*

이처럼 모든 사람의 공통된 관심사에는 사람마다 지각하고 인식하

---

* 이런 종족의 경우 유방의 길이와 크기가 미인의 기준을 가늠하는 척도이기 때문에 처녀들의 유방이 도드라지기 시작하면 그것을 잡아 늘이며 "쇠젖처럼 늘여 주소서"라는 주문(呪文)을 왼다고 한다.

고 사변하는 데 따라서 각기 다른 표현들이 주어지게 된다. 이 주어진 표현들, 즉 현상이 인식되어 나타난 서술형식들이나 모양들은 그 자체를 의미하는 뜻을 포함함으로써 상징성을 갖게 된다.

한 대상에는 많은 현상이 포함되어 있으며, 이것이 상징화되면 의미를 전달한다. 이런 현상의 상징화 과정이 시간이 지나면서 더욱 심화되어 신화화神話化되거나 신성화神聖化되어 나타난다.

종교는 인간의 공통 관심사를 다양한 현상으로 드러낸 인간의 삶의 표현이다. 그러므로 인간의 삶의 원초적 모습을 연구하면 종교의 본질이 밝혀진다. 그렇지만 현실적으로 볼 때 아프리카의 미녀에게 주어진 많은 별칭은 어느 한 관점에서 서술된 것이므로 그 소녀를 완전히 표현한 것이 아닐 뿐만 아니라 비록 그녀에게 주어진 온갖 별칭을 다 종합한다 하더라도 이것이 그 소녀를 완전히 이해한 것은 아니다. 왜냐하면, 각 사람이 가진 미학적 인식의 척도는 서로 다르기 때문이다. 그리고 미에 대한 척도 역시 상대적이므로 엄밀히 말하면 미녀와 추녀의 한계도 성립할 수 없다. 이런 관점에서 본다면 미인의 요소로서 아프리카의 특정 지역에서 평가되고 있는 것은 매우 상대적이며 제한적이기 때문에 민속적 평가가 전승되고 있는 특정 지역 외에서는 무의미하다. 이렇듯이 종교도 만일 어느 현상만을 드러내어 보려 하면 그 종교를 올바로 이해할 수 없을 것이다.

프랑스의 수학자며 철학자인 앙리 푸앵카레Henri Poincaré는 "현미경으로만 코끼리를 연구하는 자연과학자는 그 동물에 관하여 얼마나 알 수 있을까?"라는 유명한 말을 남겼다. 이 명언은 본질에 대한 접근방식의 문제를 지적한 것이다. 문화의 특정한 현상만으로 종교에 접근하려는 사람은 종교의 본질 자체를 올바로 규명할 수 없다. 그렇다고 아프리카 미녀의 예에서도 지적했듯이 대상에 대한 수많은 수식어가 그 대상 자체를 완전히 규정할 수 있는 것도 아니다. 사람은 누구나 자신만의 관점과 사고세계를 갖고 있으며 평가 역시 각각 다르므로 종교에 대한 완전한 이해 역시 불가능하다.

종교는 어느 한 관점으로 환원해서 이해할 수도 없다. 종교에는 그 자체로서 유일하고 독자적이며, 어느 현상이나 요인과도 바꿀 수 없는 개성적인 것이 있다. 피조물 중에는 동일한 것이 하나도 없다는 사실을 우리가 인정한다면 만물은 개성적이며 유일하고 그래서 절대가치가 있다는 것도 인정할 것이다. 종교에 관해 수없이 많은 지식을 갖고 있는 학자라도 그 본질 자체를 완전히 규정할 수는 없다.

종교란 나에게 아무것도 아닐 수 있다. 중요한 것은 성스러운 것의 체험일 것이다. 이것은 제도적 종교에 대한 집착이나 고집보다 직접 신적 교제를 통한 성聖의 체험, 성현의 수용과 참여, 그리고 삶 전체를 엄습하는 성의 전율에 대한 실존적 반사가 더 의미 있다는 말이다.

성현의 대상을 일일이 열거한다거나 논하는 것은 무의미할 뿐만 아니라 많은 시간과 노력이 요구된다. 인간이 접촉하는 모든 것, 사변하거나 언어로 표현할 수 있는 모든 것이 곧 성현이 될 수도 있기 때문이다. 성현을 이해하는 데 도움이 될 수 있도록 그 현상을 체계적으로 분류하면 다음과 같다(Eliade 1966: xiv-xv).

(1) 우주적 성현(하늘, 태양, 달, 물, 돌, 대지 등)
(2) 생물학적 성현(식물, 농경, 성행위 등)

(3) 공간적 성현(성소, 사원, 궁전, 세계의 중심 등)

(4) 시간적 성현(영원의 현재, 전면적 재생)

(5) 존재론적 성현(신화, 상징, 의례, 성별된 사람들 등)

(6) 문화적 성현(언어, 표의 문자, 관습, 도덕률, 계율 등)

위에서 분류한 여섯 가지 성현의 범주들은 필자가 엘리아데의『종교형태론』을 분석하며 분류한 것이다. 엘리아데는 그의 책 서문에서 달과 태양을 우주적 성현의 범주에 넣지 않고 생물학적 성현에 포함했다 (Eliade 1966: xv).

그러나 필자는 비록 엘리아데가 달과 태양을 생명, 번식, 죽음, 성 등과 관계있으므로 생물학적 차원에서 다뤘지만, 우주적 성현에 포함했다. 그리고 넷째 범주인 '시간적 성현the temporal hierophanies', 다섯째 범주인 '존재론적 성현the ontological hierophanies', 그리고 여섯째 범주인 '문화적 성현the cultural hierophanies'이라는 제목들은 엘리아데 저서에서는 찾을 수 없는 개념으로 필자가 종교현상을 분류하여 범주화하면서 새로 만들어 붙인 제목들이다.

한 가지 더 부연할 것은 '존재론적'이란 의미를 여기에서는 형이상학적 의미로 사용하지 않고, 실존적이고 실제적인 의미로 사용했다.

제22강
우주적 성현

천공(天空) 숭배

기독교의 기도 중에 예수 그리스도가 가르쳐준 기도를 '주기도'라고 하는데, "하늘에 계신 우리 아버지"라는 말로 시작된다. 한국의 민속 신앙 중에는 '천지신명께 빈다'는 종교적 표현도 있다. 그리고 이슬람교에는 "천지간의 광명이신 알라"란 표현으로 신을 서술하고 있으며, 한국의 자연 종교에서는 신은 곧 '하늘'을 의미하여 하나님, 하느님, 한울님, 한얼님이라고 부르기도 한다. 하늘과 신과의 관계, 즉 신적 본질에 대한 하늘의 영원성과 무한성의 상징적 실체나 영원과 무한의 한계를 초월한 절대적 존재를 하늘과 동일시하는 종교적 상징주의와 존재론은 인간의 언어가 발달하면서 서술되기 시작한 부가적 표현은 아닌 것 같다.

대체로 어느 지역에서나 인간은 하늘의 여러 자연현상 및 우주적 신비를 경이롭게 생각하며 초자연적 위력과 능력을 지닌 가공할 존재로 신격화하며 절대화했다. 인간이 신이라는 낱말을 사용하기 이전부터 하늘은 이미 초월적 존재로 숭배되며 인간과 관계를 맺어 왔다. 이런 숭배의식이 종교적 행위로 발전·진화하며 원시종교형태를 이루었다는 것이다. 물론 최초의 종교적 실체가 무엇이었는가에 대하여는 원시사회의 지역에 따라서 조금씩 달라질 수 있을 것이다. 이 점은 종교학자 간에도 아직 명쾌하게 해답된 것이 아니므로 더 이상 최초의 종교형태나 예배의 대상을 논하는 것은 무의미할 뿐이다.

인간은 하늘의 자연현상으로부터 경외감을 느끼며 그 속에 몰입됐고, 이런 감정을 거듭 체험하며 인간과 하늘의 관계를 숭배의식으로 발전시키며 종교화했다. 원시시대부터 인간은 하늘을 신과 동일시했고, 신이 거처하는 곳이라고 믿었으며 이런 과정을 거치며 하늘에 대한 신격화가 시작되었다.

아프리카의 에웨Ewe족은 "하늘이 있는 곳에 신도 있다"(There where the sky is, God is too)라는 속담을 말한다. 이 말은 신은 하늘에 있으며, 신과 하늘 간의 관계는 직접적이고 숙명적이라는 원시적 신앙을 표현한 것이다. 원시인들의 눈에 비친 하늘은 무한할 뿐만 아니라 변화무쌍하고, 그런가 하면 폭군적이고, 괴력을 지닌 것이며, 신비스럽고 아름다우며, 잔인하고 심술을 부리는 존재다. 하늘에 대한 이러한 표상은 단순한 상상이 아니고 오늘날에도 인간이 느끼는 감정이다.

엘리아데M. Eliade는 비엔나 학파의 빌헬름 슈미트W. Schmidt 신부가 주장하는 천공신에 대한 원시적 일신론primitive monotheism을 수용하면서 어떤 형태로든지 원시인들은 하늘을 숭배했다고 역설했다(Eliade 1966: 38). 원시인들은 천공신이 우주를 창조했고, 하늘로부터 비를 뿌려 대지를 풍요케 하며, 무한한 예지와 지혜를 부여하는 존재라고 믿었다. 그뿐만 아니라 이 존재가 지상에 잠시 머물며 도덕률과 종족 의례도 제정해 주었으며, 인간이 율법을 지키지 않으면 번개로 벌한다고 믿었다.

원시사회에서 하늘은 어떤 존재로 의미화 되었는가?

하늘은 이미 그 자체로서 종교적 비의秘義를 지닌 것임을 부정할 수 없다. 세계의 많은 종교가 하늘을 만물의 기원이며, 생명의 근원이라고 믿었을 정도로 천공신앙이 대다수 종교의 공통성이었다. 원시신화들 Ur-mythen, 창조신화들은 대체로 신과 하늘의 관계나 하늘인 신 또는 천상의 존재인 신이나 천지를 창조-섭리-주관하는 우주적 존재인 하늘로부터 생명이 기원했다는 내용을 담고 있다.

오스트레일리아, 인도네시아, 아프리카의 신화들이나, 바벨론, 이란, 인도 등지의 신화들을 비롯하여, 희랍-로마 신화들도 천공신앙을 담고 있다. 이것은 원시시대부터 하늘을 신적 존재로 숭배해왔음을 입증하는 것이다.

좁은 세계관과 단순한 생활방식을 가지고 자연과 밀착되어 생활하던 원시인들의 일상생활은 성과 속이 대립하면서도 어느 점에서는 일치하는 묘한 분위기의 삶이었던 것을 우리는 문화인류학적으로나 고고인류학적 관점에서 어렵지 않게 찾아볼 수 있다. 이런 삶의 분위기와 조건에서 그때의 인간이 직접 그들의 삶에 관계된 하늘과 그 현상들을 쳐다본다고 할 때 하늘은 무한하며 초월적인 존재라고 하는 의식을 가졌을 것은 쉽게 상상할 수 있을 것이다. 맑은 날 푸른 하늘을 망망히 바라볼 때 무언가 있는 것 같으면서도 눈에 잡히는 것이 없고, 그러면서도 높고 막막히 먼 시원의 공간은 분명히 있는 것(有)처럼 인식되는데, 이

하늘의 초월성이 원시인들의 눈에는 신적 속성으로 보였을 것이다. 이런 점에서 인류 최초의 신의 초월성이란 의식도 이처럼 하늘의 무한히 높음의 시공간적 현상 너머의 존재 개념에서 파생되었다고 하겠다. 신이란 인간과 직접 관계를 맺고 있으면서도 인간의 차원을 벗어나 존재하는 것이라고 원시인들은 생각했다.

이런 초월성과 무한성은 절대적인 것으로 의미화 되었고, 그러고 나서 상징적으로 형상화되었으며, 마침내는 세계관이라고 말할 수 있는 우주관으로 형성되었다. 인간은 한없이 넓고 높고 하늘 저 멀리 혹은 그 하늘 너머의 차원을 의식하고 신앙하는 길 외에는 전혀 거기에 접근할 수 없다. 신 역시 인간이 의식하거나 신앙할 수밖에 없는 존재일 뿐, 직접 대면할 수 있거나 접근할 수 있는 존재가 아니다.

이런 하늘신앙 생성과정에서 보았듯이 인간이 하늘을 숭배의 대상으로 삼아 천공 숭배를 시작하기 이전에도 이미 인간은 하늘의 표상을 초월성, 무한성, 불변성, 역동성으로 상징화했다. 그리고 하늘이 존재한다는 것은 높고 영구불변하며 무한한 힘이 있기 때문이라고 믿었다. 하늘의 힘은 신의 존재성을 상징하는 것이며, 신에 대한 신성의 표현이기도 하다. 하늘은 무한히 높은 곳에 있다는 그 사실만으로도 초월적이고 절대적인 위력으로 상징화된다.

원시인들이 언제부터 하늘을 신앙의 대상으로 숭배했고, 어느 단계와 과정을 거치며 하늘 자체를 신격화했는지, 즉 하늘에 신성을 부여함으로써 천공을 지상의 신supreme God으로 숭배하게 된 때가 언제부터인지 규명한다는 것은 사실상 불가능하다. 다만 원시사회 곳곳에서 천공을 지상의 신이며, 무한한 존재로 신앙했던 흔적을 찾아볼 수 있다.

천공신은 곧 힘, 창조력, 질서, 법칙, 무한 능력자로 인정됐으며 때로는 공포의 대상으로 신앙의 대상이 되어왔다.

종교학에서 자주 거론되는 천공신인 바이아메Baiame, 다라무름Daramulum, 분질Bunjil, 풀루가Puluga 등이 어떻게 활동하는지 살펴보는 것도 천공신에 대한 이해를 돕는 데 도움이 될 것이다.

바이아메는 오스트레일리아 동남부에 거주하는 카밀라로이Kamilaroi, 위라쥬리Wiradjuri, 위알라이Euahlay 종족의 지상신至上神이다. 바이아메는 큰 개울가(은하수) 곁의 하늘에 살고 있으며 죄 없는 깨끗한 영혼을 영접한다. 그는 수정 옥좌에 앉아 있으며, 그의 두 아들인 태양과 달(실제로는 태양과 달은 바이아메의 두 눈이다)을 그의 사자로 지상에 보낸다. 그의 목소리는 천둥이며, 그는 비를 내리고 토지를 푸르고 비옥하게 한다. 이런 의미에서 그는 창조자이기도 하다. 바이아메는 스스로 창조되었으며, 무로부터 만물을 창조했다. 다른 천공신과 마찬가지로 바이아메는 모든 것을 보고 들을 수 있다.

오스트레일리아 동해안에 살고 있는 무링Muring족은 바이아메신과 같은 신으로서 다라무름Daramulum을 믿고 있다. 다라무름은 가입의례를 거친 자에게만 알려진다. 여인들과 어린아이들은 그를 '아버지papang', '주님Biambam'이라고 부른다. 이런 방식으로 무링족은 점토로 빚어진 신상도 가입의례 때에만 보여주고 나서 식이 끝나면 부셔서 조심스럽게 그 조각들을 뿌린다. 오랜 옛날 다라무름이 잠깐 지상에 살며 가입의례를 제정했다. 의례가 끝나면 그는 다시 하늘에 올라간다. 천상에서 그의 음성이 천둥으로 들려오게 되면 비가 내리게 된다.

쿨린Kulin족의 지상신은 분질Bunjil이라고 한다. 분질은 어두운 하늘

너머 아주 높은 하늘에 살고 있다. 주술사는 이 어두운 하늘에 올라가서 (실제로는 산에 올라감) 그곳의 신인 가르고밋치Gargomitch로부터 영접을 받는다. 가르고밋치는 주술사를 위하여 최고천에 있는 분질에게 잘 말씀을 드린다. 분질은 대지, 수목, 동물 그리고 인간을 창조했다. 지상신 분질이 흙으로 사람을 지어 혼을 그 코, 입, 배꼽에 불어넣으니 사람이 되었다(Cf. 창 2:7). 분질은 그의 아들 빔베알Bimbeal에게 지상을 다스리는 권한을, 그리고 그의 딸 카라카로크Karakarook에게는 하늘을 다스리는 권한을 넘겨주고 세계로부터 멀리 떠나버렸다. 그러나 오스트레일리아 원주민의 종교는 바이아메, 다라무릉, 분질 등과 같은 천공신들에 대한 신앙이 중심을 이루고 있지는 않고 오히려 토테미즘이다(Eliade 1966: 43). 천공신에 대한 신앙은 원주민들의 종교형태로서 세계 곳곳에 널리 퍼져 있다. 그리고 그 신들의 속성이나 기능은 거의 같다.

안다만Andaman 군도의 원주민들은 아시아에서 가장 오래된 원시종족 중의 한 종족이다. 저들도 천공신을 숭배하고 있다. 저들의 지상신은 풀루가Puluga라고 한다. 풀루가는 인간의 모습을 하고 있으며, 하늘에 거주한다. 천둥소리는 풀루가의 음성이며, 바람은 그의 호흡이고, 폭풍은 그의 노여움을 나타내는 것이다. 풀루가는 그의 계율을 범한 자를 벼락을 내려 벌한다. 이 신은 전지全知하지만 낮에만 인간의 마음을 알 수 있다.

풀루가는 자신을 위하여 아내를 창조하고 자식을 낳았다. 그의 자녀들은 밤하늘의 반짝이는 별들이다. 그는 자신의 자녀들인 별들과 함께 태양(여성)과 달(남성) 근처의 하늘에 살고 있다. 풀루가가 잠들 때면 가뭄이 있게 된다. 그는 비가 올 때면 지상으로 내려와서 음식을 찾는다.

풀루가는 세상을 창조하고 나서 자기 형상 곧 풀루가의 형상대로 사람을 창조하여 토모Tomo라고 했다. 인간은 생육하고 번성하여 사방으로 퍼져 살게 되었다(Cf. 창 1:27-28). 그러다 토모가 죽은 후에 토모의 자손들은 점점 창조주 풀루가를 잊어버리게 되었다. 그래서 하루는 풀루가가 진노하며 홍수로 온 땅을 덮어버려 인류를 멸망시켰는데 네 사람만이 홍수를 피하여 살아남게 되었다(Cf. 창 6-8). 풀루가는 이들을 불쌍히 여겨 자비를 베풀었지만 이들은 끝까지 복종하지 않았다. 신은 이들에게 그의 계율을 회상하게 하고 그들을 떠나갔다. 그 후로 인간은 아직까지 풀루가를 보지 못했다.

천공신 숭배에 대한 종교학적 의미를 세 가지로 요약할 수 있다.

첫째, 천공신은 지고의 존재로서 공간적 개념을 바탕으로 하는 우주적 실체를 포함하고 있다. 천공신은 번개, 천둥, 비, 빛과 어둠 등등 무수한 대기 현상으로 자신의 신성과 의지를 표출한다.

둘째, 천공신은 주로 우주만물의 창조와 밀접한 관계를 맺고 있으며, 인간과 자연의 존재근원으로 신앙되었다.

셋째, 사회의 의례, 도덕률, 종교의식 등도 천공신이 제정했다는 믿음은 인간의 사회적, 도덕적, 율법적 행위와 규범 등도 신성시했다는 것을 의미한다. 천공신을 숭배하던 원시사회에서는 고등 종교의 종교적 진수들, 이를테면 신관, 인간관, 우주관 등도 처음부터 신앙의 핵심이었다(Eliade 1966: 43-44).

태양 숭배

우주적 성현과 밀접한 관계를 맺고 있는 것으로서 우리는 태양숭배를 빼놓을 수 없다. 태양숭배는 세계 여러 곳에서 볼 수 있는 신앙형태다. 어떻게 보면 당연한 이치인지도 모른다. 태양이 비치는 곳에 광명이 있는 것은 영원불멸의 진리이기 때문이다.

프리드리히 니체Friedrich Nietzsche는 자라투스트라Zarathustra의 입을 빌려 태양숭배 요소를 음미케 하는 종교적 표현을 했다.

낮[태양]이 달과의 정사Liebschaft를 끝내고 나에게 왔다가 지금은 너희에게 가고 있구나! / 자, 저기를 보라! 아침노을 전이라 아직 거기에 머물러있는 그의 모습이 창백하구나! / 그녀, 그 작열하는 불덩이가 솟아오르면 대지에 대한 그녀의 사랑이 시작되겠지! / 태양을 사랑하는 것(alle Sonnen-Liebe)은 순결과 창조주에 대한 욕망(Schöpfer- Begier)이니라!(Nietzsche 1969: 135).

조로아스터Zoroaster, Zarathustra는 B.C. 6세기경에 선과 악의 대립을 주축으로 하는 종교를 창시했다. 이 종교가 페르시아 문화에 지대한 영향을 끼친 조로아스터교Zoroastrianism다. 이 종교에 따르면 선신善神은 아후라 마즈다Ahura Mazda로서 세계의 창조주며, 선을 만들어 인간에게 행복을 주는 신이다. 그 반면에 악신惡神 아리만Ahriman은 악을 창조하며, 선을 파괴하는 속성을 가진 신이다. 세계는 이 두 신의 투쟁의 마당이며, 우주 만물은 이 두 신에 의해 창조와 파괴를 계속한다. 선의 신 아후라 마즈다는 태양, 불, 물, 곡물, 가축, 도덕, 진리, 건강, 생명의 신이다. 그리고 악의 신 아리만은 밤, 냉한, 가뭄, 독초, 뱀, 악덕, 부정, 질병, 죽음의 신이다. 인간은 늘 선신을 숭배함으로써 그 힘과 보호 때문에 악신을 물리치고 행복을 얻어야 한다고 조로아스터는 가르쳤다. 페르시아인의 '불 숭배pyrolatry'는 이런 신앙에 근거한 것이다. 조로아스터의 가르침과 계율은 B.C. 6-5세기경에 성문서화 되어 아베스타Avesta 경전에 수록되었다.

이 경전 중의 야슈츠Yashts서 본문에는 조로아스터교의 신 미투라Mithra에 대한 기록도 있다. 미투라는 아후라 마즈다를 호위하고 있는 신으로 정복되지 않는 태양Sol Invictus, 참된 태양신a true solar deity으로 숭배되며 태양과 일치하는 존재로 여겨졌다. 이 신은 알렉산더 대왕 때 로마제국에 유입되어 대중적으로 숭배되었다. 그 후 로마제국에서는 로마 황제를 미투라와 동일시하며 황제 숭배로 발전시켰다(Smart & Hecht 1982: 19).

19세기 말엽부터 일군의 종교학자들은 태양숭배가 천공신 숭배만큼 영향력을 끼치지 못했으며, 태양을 신격화하는 과정에서 신화나 민속신앙으로 종교화되지도 못했다고 지적하며 새로운 가설을 내세우기 시작했다.

1870년 민속학자 바스티안A. Bastian은 태양숭배가 세계 몇 곳에서만 발견된다고 주장했다. 그 후 반세기가 지나서 제임스 프레이저James Frazer는 이 문제를 자연 숭배 탐구와 관련하여 고찰하면서 아프리카, 오스트레일리아, 멜라네시아와 폴리네시아와 미크로네시아에서 태양숭배 흔적이 발견되지만, 태양을 신격화하여 숭배하는 의식과 형식이 서로 다르다는 점을 들어 이들 간에는 아무러한 연관성이 없다고 주장했다. 그뿐만 아니라 남북미 원주민 중에도 태양을 숭배하는 종족이 있었지만, 저들 역시 태양을 인간의 생사존망, 길흉화복을 주관하는 절대적 존재로 신앙하지는 않았다고 주장했다. 하지만, 태양숭배가 이집트, 아시아 그리고 고대 유럽에서는 한때나마 지배적이며 대중적이었던 것은 사실이다(Eliade 1966: 124).

독일의 시인 프리드리히 실러Friedrich von Schiller는 "나의 국가에서 태양은 지지 않는다"(Die Sonne geht in meinem Staat nicht unter)(「Don Carlos」, Ⅰ.vi)라는 명언을 작중 인물의 대사 형식으로 표현했다. 자연에 대한 그의 시상詩想에서 태양은 지배의 표상으로 이해될 수 있다.

태양의 작열함과 광채를 군주의 찬란한 영광과 비견·유추하는 일은 어렵지 않았으리라고 본다. 태양과 지배의 상관성은 태양숭배가 발달한 멕시코와 페루 지역을 분석해보면 별로 어렵지 않게 이해할 수 있다. 멕시코와 페루는 중남미의 태평양 연안에서도 그 어느 지역보다 문명이 발달하였으며, 정치적인 조직과 지배가 매우 높은 단계에까지 발달한 문명권이었다. 이 지역 원주민들은 왕권을 절대 신성시하며, 왕과 태양을 동일시했다. 저들은 태양이 지면 왕권도 종말을 맞이하게 된다고 믿으며 왕에 대한 절대복종을 태양숭배로 종교화했다. "왕이나 영웅이나 제국의 힘으로 역사가 진행 중인 곳에서는 태양이 최고"를 상징하는 존재였다(Eliade 1966: 124).

태양숭배가 인간의 보편적 종교형태가 아니었다고 주장하는 학자들은 종교현상의 양적 형태를 갖고 그들의 논증을 세우려 한다. 그러나 물고기가 물 없이는 살 수 없다는 천리를 알고 있는 인간이 비록 그들의 의식은 단순했다 하더라도 인간은 태양 없이는 살 수 없다는 점을 깨닫지 못했다고 생각할 수는 없을 것이다. 인류학자들은 원시사회에서도 태양을 숭배했던 흔적을 찾을 수 있다고 역설한다.

태양숭배가 극히 제한된 지역에서만 행해졌다는 바스티안의 주장은 서구 열강에 의해 식민지화된 지역의 자연 종교를 미신적 주술행위나 우상숭배로 간주하여 타파했던 기독교 선교정책의 영향 때문으로 보인다.

태양을 절대자, 생명의 근원, 생산자, 창조주로 믿으려는 창조신에 대한 신앙이 이미 원시인들에게도 깊이 잠재하고 있었다. 특히 농경사회에서 태양을 신격화했던 현상이 두드려졌다.

태양숭배가 제한된 지역에서만 행해졌다는 주장 자체가 극히 제한적이라는 점을 다음의 두 가지로 간추려 본다.

첫째, 인간은 누구나 종교현상에 대하여 완전무결하게 판정할 수 있는 판단의 척도를 갖고 있지 않다. 그러므로 다양한 신앙형태를 보이는 광범위한 자연 종교 지역을 예로 들어가며 태양숭배가 제한된 곳에서만 행해졌다고 반박하는 것은 인간의 종교성을 제한하는 자가당착의 우를 범하는 것이다.

인간은 가시적 현상에 집착하며 살고 있으면서도 보이지 않는 본질과도 관계하며 살고 있다. 인간의 이러한 본성 때문에 인간을 문화 창조적 존재라고 한다. 하지만 문화를 창조할 수 있다는 것은 역설적이게도 문화에 대한 편견과 파괴의 능력도 갖추고 있다는 것을 의미하다.

예컨대 한 민족의 특수성을 가리켜 일컬으며 희랍인은 철학적 민족이고, 히브리인은 종교적 민족이며, 로마인은 제도적 민족이고, 독일인은 근면한 민족이라고 판단한다든가, 한 인간의 전문성을 들어 바흐는 음악가고, 로댕은 조각가며, 피카소는 화가라고 분류·규정해버리는 것은 인간의 타성적 분류방식인 편견에 의한 것이다.

이러한 판단은 결국 본질에 잠재되어있는 무한한 가소성을 한 가지 현상으로 제한하여 해석함으로써 존재 그 자체의 본래성을 부정·파괴하는 것이다. 한두 가지 현상만으로 민족이나 개인을 평가하는 것 자체가 편견이며 파괴행위다.

인간은 정도의 차이를 재는 척도를 갖고 고등과 하등, 문명과 미개의 차이를 판단하지만, 자의적이고 독단적으로 재단할 수 있는 자를 버리고 인간의 본질을 직관한다면 민족의 기질이나 개인의 재능에는 후천적이며 환경적인 요인이 영향을 미쳤다는 점을 알게 될 것이다.

인간은 누구나 이성적으로 판단할 수 있고, 신앙생활을 영위할 수 있으며, 사회 질서와 종족 보존의 잠재성을 가지고 있다. 그러므로 특정한 민족이나 개인에게만 특수한 피조성이나 천부성이 주어졌다고 단정하는 것은 매우 잘못된 것이다. 인간은 누구나 음악가나 조각가, 화가 등등 어떠한 유형으로도 주형 될 수 있는 가소성을 갖고 있다. 다만, 주어진 환경이 인간의 현재를 만들어가고 있을 뿐이다.

한마디로 인간은 누구나 삶의 현상으로 소여所與 될 수 있는 무한히 많은 선험적 실재를 생래적으로 가지고 태어났다. 인간을 소우주小宇宙나 복합적 유기체라고 부르는 것은 이런 맥락에서다.

태양숭배가 종교형태로 생활화되어 있지 않은 종족에게도 태양은 신이었으며 빛이었고, 그 빛은 신이기도 했다. 이슬람교Islam의 경전인 코란 수라Sūra 24장 35절에는 "하나님은 하늘과 땅의 빛이시다"(God is the Light of the heavens and earth)라고 기록되어 있다. 태양숭배는 미개인이나 고대 문명인이나 현대인에게도 인간의 본래성이었다.

둘째로 태양숭배를 제한적으로 보는 학설은 원시종족의 종교적 상징주의를 잘못 이해한 데서 발상된 것이다. 인간의 언어는 구체적인 한 사물의 극히 제한적 속성만을 표현할 뿐이다. 그러므로 언어를 통하여 사물이나 사건을 이해한다는 것은 오히려 매우 제한된 것임을 알아야 한다. 특히 종교적 현상을 언어로 완전무결하게 전달한다는 것은 사실상 불가능하다.

이슬람교도가 "알라는 빛이시다"(Allah is Light)라고 고백하더라도 그 '빛'은 알라의 무수한 속성 중의 하나일 뿐이다. 만일 언어를 신뢰하며 모든 서술을 언어에 넘겨 버린다면(그것은 매우 우둔한 일일 것이다) "Light is Allah", 즉 "빛은 알라다"라는 언어 표현도 완전히 옳아야 할 것이다. 만일 이러한 논리에 따른다면 이 세상은 신들로 채워져 있으며, 발광체는 모두 신이어야 할 것이다. 이것은 종교적 상징을 잘못 이해하는 사람들의 논리일 뿐이다.

종교적 상징은 언어로 표현할 수 있는 범주를 초월하고 있다. 모든 종교현상 및 신앙형태는 서술의 차이에 불과하다. 상징은 상징을 통해 해독되고 해석되어야 한다. 태양숭배 신앙에서 태양은 '태양적인 것', '태양다운 것'의 상징일 수 있다. 특히 문법에 맞도록 체계화된 언어를 구사할 수 없었던 원시종족한테서는 태양이 태양 자체며, 태양 유사체로 상징화되었을 것이다.

인간은 본능적으로 어떤 존재에 대한 유사감정을 갖고 있다. 이것을 우리는 존재유감存在類感이라고 한다. 원시종족 역시 열과 빛의 실체인 태양에 대한 존재유감을 통해 생명, 힘, 생식 능력 등과 같은 것을 추리하지 못했을 리 없다. 옛날부터 사람들은 심장을 생명의 원천이라 믿으며 태양으로 상징화했고, 태양을 강하고 용맹스러운 남자로 상징화했으며, 남자 나체상의 생식기에 이글거리는 태양을 그려놓아 남자의 생식 능력으로 상징화했는데, 이런 상징성으로 인간과 태양의 관계유비를 해석할 수 있을 것이다.

태양숭배는 결국 미개인에서 문명인에게 이르기까지 신앙형식이나 해석, 상징성 등에 대한 이해의 차이만을 드러냈을 뿐, 태초부터 인간의 삶에 잠재해 있었다고 할 수 있다. 이런 점에서 태양숭배의 지역적 제한설은 커다란 오류를 범하고 있다.

이제 여기에서 우리는 태양숭배를 어떻게 신앙으로 종교화했는지 몇 가지 예를 통해 그 현상을 살펴보도록 하자.

1. 지고의 존재가 태양신으로 변신하는 보기를 우리는 인도의 콜라리안Kolarian족에서 찾아볼 수 있다. 벵골 지역의 문다Mundas족은 그들의 신전 제일 윗자리에 씽-봉가Sing-Bonga라는 태양신을 모셔둔다. 씽-봉가는 온유한 신으로서 인간사에 관여하지 않지만, 그렇다고 종교의식에서 완전히 제외된 신은 아니다. 이 신은 흰 숫염소, 흰 수탉을 공물로 받으며, 8월에 추수가 끝나면 처음으로 수확한 곡식을 공물로 받는다. 태양신 씽-봉가는 달과 결혼하였으며, 천지창조의 신으로서 역사한다. 그는 자기보다 하위의 조물주造物主들인 거북이, 게, 거머리를 시켜 이 동물들이 토양을 대양 밑에서부터 끌어올리도록 명령한다(Eliade 1966: 130).

초타 나그푸르 지역의 비로르Birhors족은 큰 위험에 처했을 때나 대풍작을 고대할 때 지고의 존재인 태양신에게 흰 숫염소나 암탉을 공물로 바친다. 이런 살아있는 짐승으로 공물을 드리는 종교의식은 태양신이 생명 생산과 밀접한 관계가 있다고 믿는 신화적 사고 때문이다. 신에게 공물을 바치며 하는 기도가 이런 사실을 더욱 분명히 한다.

자식이 태어나면, 아비는 신에게 술을 올리며 동쪽으로 얼굴을 돌려 다음과 같이 빈다. "오, 씽-봉가여, 이 신주神酒를 당신께 올리나이다. 이 술이 쏟아지듯이 어미의 젖가슴에서 젖이 콸콸 흘러나게 하여 주소서!"

그리고 쌀을 많이 수확하기 위하여 가장은 흰 암탉을 신에게 공물로 바칠 것을 약속하며, 다음과 같은 기원을 한다. "오, 씽-봉가여, 당신에게 맹세하나이다. 곡식들이 풍성히 자라게 해주소서. 그러면 타작 때에 당신에게 흰 암탉을 제물로 마치겠나이다." 그리하고 나서 가장은 흰 암탉을 놓아주고 검은 닭을 잡아 희생 제물로 바친다. 이 종교의식은 바이샤크(Baishak, 4월 중순-5월 중순에 해당)의 만월 일에 행하여진다(Eliade 1966: 131).

토지의 비옥을 관장하는 농경지의 신에게는 검은 닭을 바치고 추수가 끝나면 태양의 신에게 흰 암탉을 잡아 제사를 드리는 이런 동물공양 의식은 농경사회에서 흔하게 볼 수 있는 풍습이다. 이것은 '태양=번식력, 땅=농경지'라는 원시적 도식을 흰 암탉과 검은 닭, 흰 태양과 검은 토양으로 상징화하여 믿었다는 것을 의미한다. 달은 태양과 대칭적 존재로서 땅의 세력에 직접 영향을 미친다는 믿음이 이 의식에 담겨있다.

2. 인도네시아의 티모르 섬 동쪽에는 여러 군도가 늘어져 있다. 이곳에서는 태양이 아직도 대단히 중요한 신으로 숭배되고 있다. 이 군도의 원주민들은 태양신을 우플레로Upulero라고 부르는데, 이 말은 '하나님이신 태양'이란 뜻이다. 우플레로는 살아 활동하는 신이며, 환상幻像의 신이 아니다.

티모르 섬 원주민들은 태양신을 위엄과 품위를 지닌 번식의 신으로 숭배하며 태양신에 대한 원초적 신앙을 지속하고 있다. 우플레로는 형상이 없는 신이다. 하지만, 사람들은 야자 잎사귀로 엮어진 등잔 모양 밑에서 이 신에게 예배를 드린다.

이곳에는 장마철이 있는데, 1년에 한 번씩 우기가 시작될 때 온 마을 사람이 모여 우플레로에게 대제사를 지낸다. 이 제사는 한 달 내내 계속되며, 비와 풍작, 지역사회의 번영을 빈다.

원주민들은 대제사를 드리는 동안 태양이 그의 아내인 지모신地母神을 수태시키기 위하여 무화과나무를 타고 내려온다고 믿는다. 그래서 저들은 태양이 그의 아내에게 더 빨리 오게 하려고 이때 7개나 10개의 계단이 달린 사다리를 무화과나무에 세워놓는다. 그 나무 앞에 돼지, 개 등이 희생 제물로 바쳐지고 제사 후에는 음주·가무를 즐기며 집단 오르기orgy 축제가 벌어진다. 황홀경과 무아지경에서 행해지는 난교亂交 의식에는 태양을 생산의 신, 번식의 신, 식물食物 소산의 신으로 믿으며 종족의 번식을 기원한다는 종교적 의미가 담겨있다.

오, 주여, 선조이신 태양이여 강림하소서! 무화과나무가 가지를 뻗었고, 가지들은 잎사귀로 덮여 늘어졌나이다. 돼지고기가 마련되어 잘

썰어져 있나이다. 마을의 배들은 당신께 바칠 공물로 차고 넘치나이다. 주여, 선조이신 태양이여, 이 축제에 당신을 초대하나이다. 자르고 잡수시고 … 마음껏 마시소서!

오, 주여, 선조이신 태양이여 강림하소서! 우리는 당신이 많은 상아와 금을 우리에게 가져다주시기를 원하나이다. 염소들이 두세 마리씩 새끼를 배게 하소서. 귀족의 수가 늘고 백성의 수가 늘어 번성하게 하소서. 죽은 염소와 돼지를 산 것으로 대치해 주소서. 다 먹어버린 쌀과 양념들을 채워 주소서. 빈 쌀통이 가득 채워지고 빈 야자 녹말이 가득 채워지게 하소서…(Eliade 1966: 133-34).

3. 세계4대 문명 발생지의 하나인 이집트 문명은 한마디로 나일 강 문명이다. 거의 매년 정기적으로 일어나는 나일 강의 홍수는 비록 제방 위에 있던 모든 것을 진흙 속에 묻어 버리기는 했어도 강 유역과 삼각주 지역에 비옥한 농경지를 제공해 주었다. 나일 강이 없이는 이집트가 있을 수 없다. 그래서 헤로도토스Herodotus는 이집트를 "나일 강의 선물"이라고 했다.

이집트를 탄생시켰다는 점에서 보면 나일 강은 이집트의 어머니다. 그리고 매우 상징적이고 우화적이기는 하지만, 이집트의 아버지는 태양이라고 하여도 과언이 아닐 것이다. 이처럼 이집트는 나일 강과의 관계만큼이나 태양과도 밀접한 관계를 갖고 문명을 일으켜오면서 꽃을 피웠다.

이집트는 다신교多神敎 사회였다. 이집트인은 많은 신화를 갖고 있으며, 이들 신화의 대부분은 자연현상을 의미하는 것들이었다. 그러나 많은 신과 신화 중에서 이집트를 대표하는 신은 태양신이었다. 이집트에는 태양숭배가 어느 종교형태보다 강한 곳이었다. 태양신에는 아주 오래전에 아툼Atum, 호루스Horus, 코프리Khopri와 같은 여러 신성神性이 병합되었다.

이런 현상은 제5왕조 때부터 일반화되었다. 태양에 크네무Khnemu, 민-라Min-Ra, 아몬-라Amon-Ra 등과 같은 여러 신성이 결합되었다. 이때부터 태양은 지상至上의 존재로 의식되었는데, 잡다한 신의 사회인 신성 도시hieropolis에서 성직을 수행하던 사제司祭들이 노력한 결과다.

하지만, 태양신은 권력이 점점 집중되어 대권을 쥐게 된 군주처럼 절대 신으로 숭배되기 이전에는 지상至上의 존재가 아니었다. 태양신보다 훨씬 앞서 다른 신들이 지상의 권한을 갖고 있었으며, 인간의 일상사에도 더 깊이 관여하고 있었다는 학설도 있다.

이집트학egyptology에 따르면, 대기의 신이며 천공신인 슈Shu는 후에 태양과 동일시되었다. 아몬Amon 신 역시 초창기에는 천공신이었다는 학설(G. A. Wainwright)도 있다. 신화 중에는 신들의 결혼에 관한 것도 많은데, 이집트 신화에서도 자주 접하게 된다. 아주 오랜 옛날 천공신이었던 우르Ur, Wr는 여신인 누트Nut, Wrt를 아내로 맞이했다. 그는 태양신 라Ra의 보좌로 활동하며 한동안 소경이 되었던 태양의 눈을 고쳐주기도 했는데, 그다음에는 아툼과 동일시되었고 나중에는 태양신 라와 동일화되었다.

천공신이 태양신이나 번식의 신, 또는 대기의 신 등으로 변신하는 신화를 농경문화가 발달한 곳에서는 어렵지 않게 발견할 수 있다.

태양은 공물의 밭the field of offering 또는 휴식의 밭the field of rest으로 지고 다음 날 하늘의 반대편에 있는 갈대의 밭the field of reeds에서 솟아오른다. 왕조시대 이전부터 라가 지배했던 태양의 권역에 제3왕조와 제4왕조 동안 장례 의식이 첨가되었다.

파라오Pharaoh의 영혼은 갈대의 밭을 출발해서 하늘에서 태양을 만나고, 그의 인도로 공물의 밭에 도달한다. 하지만, 처음부터 이 승천이 쉬운 것은 아니었다. 파라오는 신성을 지녔지만, 하늘에 상주할 권리를 얻기 위하여 밭의 수호자인 공물의 황소the bull of offerings와 싸워야 한다. 피라미드 텍스트Pyramid Texts는 파라오가 겪어야 하는 영웅적 시련(가입의례)에 관하여 언급하고 있다(Eliade 1966: 139-140; Cf. M. Eliade 1974: 96-97).

위에서 보기로 제시한 신화는 태양숭배의 기본형식들이다. 태양숭배는 태양신의 속성과 섭리를 강조하고 있다. 이것은 태양이 인간의 삶과 숙명적 관계에 있음을 신앙형식으로 표출한 것이다.

이처럼 태양이 지고의 능력자로뿐만 아니라 창조주로까지 절대화되고 있는 종교현상이 태양숭배 신앙의 공통점이다. 물론 이러한 주장에는 이론異論이 있을 것이다. 왜냐하면, 천공신이 태양신으로 변신했다고 믿는 히타이트Hittites족의 태양숭배 신앙과 태양을 절대 신의 눈이라고 믿으며 천공신과 태양의 밀착된 관계를 신앙의 기초로 하는 피그미의 세망Semang족, 푸에고Fuegian족, 부시먼Bushmen족의 신앙이 같지 않고, 태양을 창조주의 아들로 믿는 아프리카의 문슈Munshi족이나 오스트레일리아 남서부의 위라주리Wiradjuri족과 카밀라로이Kamilaroi족의 태양숭배 신앙과 태양을 창조신으로 믿는 오리사 지역의 콘드Kondh 족, 초타 나그푸르 지역의 비로르족, 벵골 지역의 문다Munda족의 태양 숭배 신앙이 서로 다른 동기에서 종교화되었기 때문에, 바로 이 점을 지적하며 이의를 제기할 수도 있을 것이다. 그러나 태양을 천공신의 변신, 절대 신의 눈, 창조주의 아들 혹은 더 나아가서 창조주 자체로까지 신앙했더라도 그것을 태양숭배 신앙의 이질화 과정이라고 해석해서는 안될 것이다. 태양숭배 행위가 상이相異한 것은 각 종족이 생존하기 위하여 자연환경과 사회·문화·지리적 여건에 적응해가며 살아왔던 생활양식의 차이 때문일 뿐이다.

태양숭배가 성행하던 사회에서는 태양이 생명을 창조하고, 만물을 생산하며, 인간과 동·식물을 번식시키는 창조주로 신격화되었다. 태양을 창조의 신, 생산의 신, 번식의 신으로 숭배하게 된 주요 원인을 모계 사회의 영향으로 볼 수도 있을 것이다.

태양숭배의 고차적인 단계에서는 태양의 양면 가치에 대한 신앙이 나타난다. 리그베다 경(Rig Veda X. 90)의 푸르샤 수크타Purusa Sūkta에 따르면, 태양은 우주의 거인인 푸루샤의 눈으로 태어나며 인간의 몸과 영혼이 죽어 푸루샤에게 돌아갈 때 눈은 태양으로 돌아간다. 태양의 마차는 에타샤Etaśá라는 말 한 필 혹은 일곱 필이 끌고 있으며 태양 자신이 종마며 황소이기도 하고, 새며 독수리이기도 하다. 이 신화에서 말은 사자를 명부冥府로 이끌어가는 장례의 의미를 상징한다. 태양은 빛이며 어둠이고, 만물이 생겨나고 회귀하게 되는 신이라고 인도의 고대 종교는 가르치고 있다.

흥미 있는 것은 태양이 인간의 생사에도 관계한다는 점이다. 태양은 "인간의 참된 선조"다. "아버지(인간)가 자궁 안에 정자를 사정할 때 실제로 자궁 안에 사정한 정자는 태양이다"라고 자이미니야 우파니샤드 브라마나Jaiminiya Upanisad Brahmana에는 기록되어 있다(iii, 10, 4).

아리스토텔레스Aristoteles는 "인간과 태양이 인간을 출생 한다"라고 했고, 같은 의미에서 단테Dante는 "태양은 죽을 수밖에 없는 인생의 아버지다"라고 했다. 태양의 생산력을 은유적으로 묘사한 것이다. 태양은 창조주며, 생산자며, 만물에 잠재된 위력으로 원시시대부터 숭배되었다.

결론적으로 말해서 태양숭배는 인간의 원초적 신앙형태의 하나였다. 여러 원시종족이 태양을 생명의 근원으로 믿으며 숭배했던 것은 태양이 우주 만물의 생성소멸에 직접 영향을 미친다는 생래적 종교성 때문이다. 문명사회의 종교에서도 태양은 지상의 존재며 신으로 숭배되었다. 기독교(요일 1:5)와 이슬람교(코란 2:11)는 물론, 불교와 힌두고, 심지어 무속이나 민간신앙에서도 신은 빛이며 광명으로 묘사되어 있다.

제23강
생물학적 성현

링가와 요니

19세기 이래로 종교학은 많은 발전을 했다. 특히 기독교 선교사들과 가톨릭교회 신부들의 공헌은 종교학 발전에 결정적인 도움을 주었다. 그러나 아직도 종교현상학의 많은 분야는 매우 빈약한 자료 때문에 불확실한 추론의 단계에 머무르고 있다. 왜냐하면, 저들이 수집한 자료 대다수가 신화나 설화, 민담이나 전설 같은 구전 자료며, 더욱이 의례에는 각 종족의 사회문화적 합목적성이 포함되어 있어 그 의미가 상이하기 때문이다.

생물학적 성현에서도 예외는 없다. 어느 종족에게나 '양석陽石 = 남근男根', '음석陰石 = 여근女根'의 등식이 있다. 인간이 원추형 대상을 남성의 상징으로, 구멍 난 물건을 여성의 상징으로 의미화 할 수 있다는 것은 인간의 성적 본능을 이루고 있는 성적 성현sex-hierophany의 잠재성 때문이다. 성적 성현에는 생성과 재생의 의미가 있다. 이것을 신적 창조의 생물적 유비로 이해할 수도 있다. 단도직입적으로 말해서 남녀의 성관계는 종자와 밭, 정자와 난자의 결합으로 잉태된 생명체에 대한 신의 창조를 성적 유감으로 승화한 것이다.

이규태의 여행 견문록인 『세계의 기속奇俗과 성』이란 책에는 "예뻐지고 싶은 여인들의 성기신앙"이란 장이 있다. 여인들은 신통하다고 믿는 영묘한 상징물에 자신들의 성적 욕망을 고취해 줄 것을 빌기도 하고, 여성의 모성 본능을 지속해서 충족해 줄 것을 기원하기도 한다. 몇 줄 직접 인용해 보면 다음과 같다.

> 이곳[판가]의 처녀 순례는 힌두교의 풍습이었다. 그들이 섬기는 대자재천신大自在天神인 성신性神 시바와 그의 애인인 역시 성신 파르바티 사이에 태어난 남신 가네쉬는 이 성력性力의 최고신들이 결정한 덜하고 더할 것 없는 지상의 성상황性狀況을 신격화한 것이다. 판가의 화요일은 그 가네쉬가 그의 마력을 베푸는 날이다. 힌두의 아가씨들은 음석陰石을 주워 곱게 다듬고, 결혼한 부인들은 양석陽石을 주어 곱게 다듬어 이 순례지를 찾아와 가네쉬의 우상에게 바치고 그 하루를 단식함으로써 그 주력[性力]이 관능적으로 받아들여지는 것으로 안다. 이 판가의 화요 단식 순례는 정서적인 면이라도 있지만, 카트만두의 파수파티 곁에 있는 성신숭배는 그와는 대조적이다. … '움마테스와르 바이라바Unmateswar Bhairava'라 불린 등신대의 석신 상에도 직립된 성기性器가 조각되어 있었다. 그 신상 앞에 꽃과 향을 바치는 단식 여인들이 즐비하였다. 판가의 처녀 순례에 비해 이곳은 중년 부인들이 많다. … 성력 쇠퇴, 수태受胎, 부조, 월경불순 같은 부인병을 이 바이

라바의 성기신앙으로 치료하는 것이다. … '밤만 되면 이 바이라바 신은 그를 숭배하는 많은 부인들에게 시달립니다. 바이라바 신의 에센스는 소모해가고 있습니다'(이규태 1985: 51-52).

이런 신앙형태는 원시적인 주물숭배를 미학적으로 종교화하여 승화한 것이다.

힌두교 풍습에 젖은, 판가의 화요 단식에 참여한 여인 순례자들의 최고 소원은 아름다워지는 것이다. 이곳 판가 여인들의 '아름답다', '예쁘다'라는 개념은 여인들의 외적인 육체미나 용모에 강조점을 둔 것이 아니고, 내적인 강한 성욕과 성관계로 얻을 수 있는 희열을 깊이 음미할 수 있는 육감적 정력이 강해지려는 것이다. 그래서 처녀들은 구멍 난 예쁜 돌멩이를 주워 쓰다듬으며 성신性神에게 바치는데, 처녀의 성기vagina인 요니yoni가 예뻐져(성욕이 왕성해져) 신랑을 즐겁게 해주기 위함이요, 유부녀들이 양물 형 돌을 바치는 것은 남편의 성기penis인 링가linga가 성신 가네쉬의 것처럼 성력이 넘치기를 갈망하기 때문이다. 힌두교의 성기신앙은 민간신앙으로 전해 내려오던 세속풍습이 원색적 상징주의로 종교화된 것이다. 진眞, 선善, 미美 중에 자칫 잊어버리거나 무시해 버리기 쉬운 미美의 신성을 힌두교가 생활화한 것은 특색 있는 점이다.

힌두교의 성기신앙은 인류가 발견한 최대의 종교적 에로티시즘이다. 이들의 신앙에 따르면 성性은 신성한 것이며, 모든 생명의 근원인 점에서 그 자체가 신이다. 이규태는 그의 기행기 중에서 「힌두 에로티시즘」이란 장의 첫 절인 "섹스는 신神이다"에서 다음과 같은 사실을 기록하였다.

4세기 전후에 쓰여진 인도의 사랑의 성전인 '카마수트라'는 섹스 유형에 따라 여인을 암사슴형, 암말형, 암코끼리형으로 대별하였다. 그중 이상적 유형인 암사슴형의 모습을 이 성전에서는 다음과 같이 묘사하고 있다. '부드러운 피부는 젊은 코끼리의 코끝 같은 신선한 촉감이다. 그가 풍기는 체취는 꿀벌이 꽃에 끌리듯 견디지 못하게 하고, 열정의 입술은 갓 피어난 꽃 속인 듯 진홍이며, 감동의 눈썹은 카마(사랑)의 활(弓)인양 굽어 가늘게 떤다. 풍만하게 가다듬어진 유방은 두 개의 금잔을 엎어놓은 듯 도드라지고, 곡선이 완곡한 요부腰部는 실뱀만 같다. 청구(青鳩; 비둘깃과에 속하는 호도애)의 아랫배만 같은 풍만한 둔부臀部에서 조화적으로 둘로 나뉜 선은 노래의 곡조다. 깊은 배꼽은 익은 포도의 주과珠果요, 세 줄기 감미로운 델타의 선은 니탄비로 불린 지상미至上美의 조화다.' 성기의 한 형태로 이같이 아름답고 관능적인 육체를 추종해낸 인도인의 에로티시즘에 대한 인식은 천재적이다. 인도를 돌아다니면서 볼 수 있었던 너무 많은 여체 조각에서 나는 이 성전에 기록된 볼륨이나 선보다 더 관능적인 것을 발견했던 것이다. 이를테면 유명한 산치탑문의 여체 조각은 '금잔을 엎어놓은 듯한 유방'이 너무 과장된 듯싶었으나, 그 여체 전체 조화를 조금도 손상시키지 않은 채 여성의 특수성을 고조시켜 놓고 있었다. 아잔타 동굴의 벽화에서 '청구의 아랫배 같은' 둔부를 카르리의 석굴에서 '실뱀 같은' 육선의 하체를 보고 뜨거운 인도 열사熱射에 익은 이 나라 사람들의 관능을 충분히 느낄 수 있었다(이규태 1985: 55-56).

남근숭배phallicism를 하는 힌두교도들의 시바Shiva, Siva 신의 성기

lingam는 "생식기의 원형an archetype of the generative organ"일 뿐만 아니라 여러 형식으로 표현되더라도 주기적으로 재탄생되기 전에 원초적이고 원형적인 조화를 이루려는 우주의 율동적 창조와 파괴의 상징으로서 해석할 수 있다(Eliade 1966: 7).

로버트 베어드Robert D. Baird는 『종교와 인간』 제2부 "인도 종교의 전통들"에서 힌두교의 성기신앙이 발생한 동인과 역사를 간략하게 서술하고 있다. 간추려 보면 다음과 같다.

'원추 모양으로 된 물건들cone-shaped objects'이 링가lingas로 보여 지기 때문에 남근숭배가 가능했다는 사실이 발견되었다. 그러나 '고리 모양으로 된 돌들ring-shaped stones'이 요니yonis인지 아닌지는 토론할 문제다. 링가숭배는 나중에 시바Shiva 신과 연계되었으므로 리그베다 경에는 기록이 없다. … 남근숭배는 후기 인도 사원 구조물에서 일반적으로 발견되었다.[*]

성행위와 그 상징적 행위들에 대한 종교적 성현은 다음의 두 가지로 집약될 수 있다.

첫째로, 성性에 대한 일반적 인식은 '새끼를 낳다'라는 동물적 본능과 직접 관계되어 있다. 그래서 인간은 성행위를 동물적 행위와 같은 것으로 여겨 성교 자체를 입에 담거나 공개적으로 노출하지 않는다. 사람

---

[*] Robert D. Baird, "Part Two. Indian Religious Traditions," in *Religion and Man: An Introduction*, gen. ed., W. Richard Comstock (New York: Harper & Row, 1971): 116.

들이 욕할 때도 성기나 성행위에 해당하는 말을 상대방에게 하면 큰 욕이 되거나 모독이 되는 것이다. 성행위에 대한 수치심이나 부끄러운 감정은 인간이 불을 발견한 후부터 의식화되어온 결과라고 할 수 있다.

인간은 불을 발견했을 때 매우 놀랐었다. 그들은 신이 직접 인간에게 불씨를 주었다고 믿었다. 그래서 불을 소중히 여겼으며 두려워했다. 그러면서 불이 열을 주어 겨울에 동굴 속에서 따뜻하게 지낼 수 있고, 사냥한 동물들을 구워 먹으면서 문화적 삶을 누리기 시작했다. 불로 인하여 인간의 문명은 급진적으로 발전했다.

인간이 언제부터 불을 사용하였는가에 대한 이론은 다양하지만, 대체로 구석기시대 전기에 살았던 고생인류가 식물채집과 수렵, 불의 사용, 도구제작을 했다고 주장하는 고고인류학자들의 이론이 대세를 이루고 있다. 그렇다면 이미 선사시대인 구석기시대 초기부터 인간은 동물과 다른 생활방식을 갖고 생활했으며 불을 사용했을 것이다.

1921년에 최초로 발견된 후 지금까지 40여 개나 발견된 북경원인*si-nanthropus pekinensis* 화석인골化石人骨은 약 50만 년 전인 홍적세洪積世 중기에 살았던 고생인류의 것이다. 그들은 동굴 속에 살면서 석영石英으로 타제석기를 제작하여 사용하였고 불을 이용하였음이 확인되었다. 50만 년 전부터 불의 문명이 인간의 삶을 바꾸어 놓았다는 것이 고고인류학적으로 추정한 결론이다. 그렇다면 이때부터 인간은 공동생활을 했을 것이다.

1890년 자바Java에서 발견된 직립원인*pithecanthropus erectus*의 두개골 용량은 900cm³ 미만인 데 북경원인의 두개골은 1,075cm³ 정도로 상대적으로 크다. 이것은 북경원인이 직립원인보다 사고능력이나 인식

능력이 발달했고 지혜가 많았다는 증거다.

인간은 나뭇가지를 나무판자에 되고 마찰하거나 비벼 불을 피웠다. 이미 이때쯤에 인간은 유사감정을 가질 수 있는 지능의 소유자였으므로 불을 피우는 행위의 반복은 양물과 음물의 조화를 신기하게 느낄 수 있는 감정을 가질 수 있었을 것이다. 같은 행위의 반복으로 인간은 그 행위의 의미와 결과를 깊이 사변하게 됐을 것이다. 이 점에서 인간은 발달한 원숭이와도 다른 것이다. 인간은 불을 태양의 선물이면서 동시에 생명의 상징으로 쉽게 추리했을 것이다.

불의 발견은 인간에게 문명의 급진적 발전뿐만 아니라 인간에게 음식을 섭취하는 형태의 변화와 영양가 변화를 가져오면서 인간의 신체적 변화와 정신적 변화를 가속했다. 인간은 불이 밝은 것이며 좋은 것이라는 생각을 하면서도 불의 위력을 두려워했다. 인간은 불이 열만을 제공하는 것이 아니고 빛도 발산하는 것을 알고 있었다. 불은 빛으로써 진리를 드러내며 동시에 구석에 있는 것을 밝혀주어 보이게 한다는 점에서 신성한 것이다. 성의 히에로파니는 인간의 무의식 속에서 돌출되곤 하는데 불이 생명이라는 선사시대 인류의 신앙에서 유전되어온 유산이다.

둘째로, 인류는 성행위에 대한 종교적 히에로파니로서 농경적 풍요함과 오르기orgy를 종교의식으로 창출해 냈다. 성교의 종교적 의미는 지역에 따라 조금씩 다르다. 하지만, 신교神交의 유비이며 우주적 성혼聖婚의 상징으로 여기는 점은 공통적이다.

서아프리카의 에웨Ewe족은 추수 때가 가까워지고 밀이 발아하기 시작하면 의례적 오르기의 힘으로 재해를 막을 길을 택한다. 수많은 소녀가 뱀 신Python God에게 신부로 봉헌된다. 이 결혼은 신전에서 신의 대리인인 신관에 의하여 완료되며 이렇게 성별 된 소녀들이나 부인들은 얼마 동안 성역 내에서 성스러운 성행위를 계속한다. 이 성혼은 대지와 동물의 풍요를 보증하기 위하여 행해진다고 말한다(Eliade 1966: 354f).

중국에서도 밭의 풍요를 남녀의 성행위를 통하여 성취할 수 있다고 믿었다. 그래서 젊은 남녀들이 밭 위에서 성행위를 하곤 했다. 그들은 성행위를 통하여 모든 곡식의 성장을 돕고, 비를 부르고, 밭을 풍요케 하도록 개방함으로써 자연의 계승을 돕는다고 믿었다.

자바의 농촌에서도 벼가 패기 시작할 때 부부가 논둑에서 성교하는 풍습이 있다(Eliade 1966: 355). 농경사회에서 행해지는 이런 관습화 된 행위는 성의 역현力顯, kratophany으로 풍작을 이룰 수 있다는 믿음 때문이다. 이런 행위에 종교적 위력을 가미한 것은 젊은 남녀의 힘과 남성은 종자로서 여성은 씨받이밭으로서 상징화한 데서 유래한다.

오르기는 일반적으로 성혼聖婚, hierogamy과 어떤 관계를 갖고 있다. 인간이 하늘과 땅의 성혼을 축하할 때 신관이 사람들이 보는 앞에서 아내와 공개적으로 성행위를 하며 그 후 오르기의 절정이 시작되는 것이라든가, 젊은 부부가 밭에서 성혼함으로써 그 지역의 모든 신을 절정으로 끌어올린다고 믿는 신앙은 성을 성화聖化한 것이다.

하늘의 생식능력을 자극하고 비를 내리게 하려고 여인들이 발가벗고 밭 위를 뛰어다닌다는 것은 여러 곳에서 발견할 수 있는 현상들이다.

브라질의 카나Kana족은 성행위를 흉내 내는 남근 춤phallic dance으로 대지, 동물, 인간의 재생능력을 자극한다. 그들은 이 춤을 계속 추면서 집단 오르기에 달하게 된다(Eliade 1966: 356-357).

오르기의 기능은 생을 재생할 수 있게 하려는데 있다. 그리고 오르기는 농경사회의 의식 구조와 그 사회의 집단생활 등이 함께 작용하고 있는 점에서 사회결속을 다지는 사회학적 연대의식을 강화하는 위력이기도 하다.

밀알이 땅에 떨어져 묻혀 썩어 없어지고 나서 발아한 별개의 것이 되듯이 인간은 오르기에서 개성을 버리고 살아있는 사회공동체에 동화되고 결합하게 된다. 즉 인간이 원시상태로 다시 돌아가는 것이다.

제24강
공간적 성현

공간의 성현화 과정

인간의 거주 형식은 두 가지로 대별大別된다. 우선은 인간의 일상적인 생활을 가능하게 하며 인간이 삶을 문화화 할 수 있는 공간과, 다음으로 인간과 깊은 관계가 있는 공간으로서 종교적 본질이 현현되는 공간으로 나눠 볼 수 있을 것이다. 이 두 공간은 인간의 삶에 두 세계를 제공하는데 성의 세계와 속의 세계가 그것이다.

그러나 이 두 세계인 성스러운 공간과 세속적인 공간은 수리물리학적인 범주론에 따라 구별될 수 있는 것이 아니고, 신이 현현顯現되는 장소 여하에 따라 영원한 질적 차이를 드러낼 뿐이다.

출애굽기에 보면 하나님께서 모세가 그의 장인인 미디안 제사장 이드로의 양 떼를 치고 있을 때 그 무리를 광야 서쪽으로 인도하여 하나님의 산인 호렙에 이르렀을 때 기적을 보이시며 두려워하는 모세에게 "이리로 가까이 오지 말라 네가 선 곳은 거룩한 땅이니 네 발에서 신을 벗으라"(출 3:5)고 말씀하셨다는 기록이 있다. 여기에서 우리는 한 공간 속에서 특별한 일부의 공간이 성현hierophany의 장소가 됨으로써 "거룩한 땅"이 되며, 신이 현현되는 장소로서 신성神性이 부여된다는 것을 알 수 있다. 모든 공간은 성현의 장소가 될 수 있다. 이렇게 성현화되어진 공간은 인간의 생활공간인 물리적 공간이나 자연환경과 차별화되며, 이질적heterogene 공간으로 질적 차이를 나타내게 된다.

신이 현현되는 공간은 신성한 공간이며 거룩한 땅이므로 경외의 감정을 불러일으키기도 한다. 성경에 보면 "하나님의 집", "하늘의 문"으로 상징되는 장소들은 세속적인 공간이 성현 된 곳이다. 야곱이 잠에서 깨어서 그가 벧엘 이라고 한 그곳도 세속적인 공간을 성현화한 공간이다. 창세기에는 다음과 같은 기록이 있다.

[10]야곱이 브엘세바에서 떠나 하란으로 향하여 가더니 [11]한곳에 이르러는 해가 진지라 거기서 유숙하려고 그곳의 한 돌을 가져다가 베개로 삼고 거기 누워 자더니 [12]꿈에 본즉 사닥다리가 땅 위에 서 있는데 그 꼭대기가 하늘에 닿았고 또 본즉 하나님의 사자들이 그 위에서 오르락내리락하고 [13]또 본즉 여호와께서 그 위에 서서 이르시되 나는 여호와니 너의 조부 아브라함의 하나님이요 이삭의 하나님이라 네가 누워 있는 땅을 내가 너와 네 자손에게 주리니 [14]네 자손이 땅의 티끌 같이 되어 네가 서쪽과 동쪽과 북쪽과 남쪽으로 퍼져나갈 지며 땅의 모든 족속이 너와 네 자손으로 말미암아 복을 받으리라 [15]내가 너와 함께 있어 네가 어디로 가든지 너를 지키며 너를 이끌어 이 땅으로 돌아오게 할지라. 내가 네게 허락한 것을 다 이루기까지 너를 떠나지

아니하리라(창 28:10-15).

꿈이나 가시적 현상을 통한 계시뿐만 아니라 초자연적 계시도 신이 현현될 수 있는 방법이다. 하지만 기독교 신학자 중에는 그리스도를 통한 가시적 계시와 하나님의 섭리를 통한 불가시적 계시만을 인정하는 신학자도 있을 것이다. 특별 계시나 일반 계시에 관한 신학논쟁이 이 주제의 관심사가 아니므로 이 문제는 일단 유보해 놓기로 한다.

신과 세계와 관계는 신의 현현을 광의적으로 보편화한 것이라고 할 수 있다. 이 말은 신은 세계 어느 곳에서든지 현현될 수 있으며, 신이 현현된 곳은 거룩한 땅이 될 수 있다는 것이다. 창세기 28장에서 속세의 땅이 성지로 되는 과정을 읽을 수 있다.

[16]야곱이 잠이 깨어 가로되 여호와께서 과연 여기 계시거늘 내가 알지 못하였도다 [17]이에 두려워하여 이르되 두렵도다 이 곳이여 이것은 다름 아닌 하나님의 집이요 이는 하늘의 문이로다 하고 [18]야곱이 아침에 일찍이 일어나 베개로 삼았던 돌을 가져다가 기둥으로 세우고 그 위에 기름을 붓고 [19]그곳 이름을 벧엘이라 하였더라 이 성의 옛 이름은 루스더라 [20]야곱이 서원하여 이로되 하나님이 나와 함께 계셔서 내가 가는 이 길에서 나를 지키시고 먹을 떡과 입을 옷을 주시어 [21]내가 평안히 아버지 집으로 돌아가게 하시며 여호와께서 나의 하나님이 되실 것이요 [22]내가 기둥으로 세운 이 돌이 하나님의 집이 될 것이요 하나님께서 내게 주신 모든 것에서 십분의 일을 내가 반드시 하나님께 드리겠나이다 하였더라(창 28:16-22).

이 성경 기록에서 "하나님의 집", "하늘의 문"으로 표현된 상징들은 매우 함축적인 의미를 지닌 것들이며, 성과 속의 교접상태를 의미하는 것들이다. 종교의 생성과정에 따르면 성이 속에서 현현되거나 신이 현현된 곳은 신앙의 대상이 되며, 구체적으로 체계화되면 신앙의 기초가 되어 종교화된다.

여기에서 우리는 공간적 성현 곧 성현 된 공간 혹은 거룩한 곳이라는 개념을 분명히 이해해야 할 것이다.

인간은 추억의 장소 중에서 일정한 곳에 특별한 의미를 부여하는 경향이 있다. 한 인간이 출생한 곳, 성장한 곳, 첫사랑을 시작한 곳, 결혼한 곳 등등 대체로 한 인간의 삶의 여러 과정 중에서 처음 만난 장소와 숙명적인 관계를 갖게 된다. 이 장소의 처음 곳은 인간의 추억 속에서 반복되어 의미화 된다.

성스러운 공간은 시간적으로 처음 만난 곳이기 때문에 항상 성스러운 곳으로 상징화된다. 우리는 관광명소에서 조우하게 된 절경에 압도되며 경탄했던 인상을 일생 잊지 않고 강한 추억으로 되새기곤 한다. 그러나 그곳에서 입장권을 팔거나 조난 구조대원으로 일하거나, 또는 기념품을 파는, 그곳과 관계된 사람들은 이러한 인상과 강한 추억은 별로 느낄 수 없을 것이다. 공간의 성현화란 어떤 공간을 세속적인 공간 중에서 특수화함으로써 공간의 의미를 물리적 공간 개념에서 격리하여 성역화 하는 것이다.

한국의 여러 지방에서 흔하게 볼 수 있는 선녀 못이라든가 선녀 바위, 또는 용굴 같은 곳도 성스러운 공간의 표현들이다. 조상 대대로 성스러운 공간으로 성역화 되어 온 이런 장소는 인간의 성별聖別 의식이 발현된 현상이라고 할 수 있다.

성스러운 공간은 공간의 본질과 현상을 거룩한 땅으로 성역화한 상
징이다. 신이 내렸다는 명산, 마니산의 참성단塹星壇이나 태백산의 신단
수神壇樹, 또는 지관이 명당이라며 잡아 준 못자리 등등 땅에 대한 민속
신앙이나, 베들레헴이나 골고다, 네팔의 룸비니나 인도의 마하보디 사
원, 메카나 메디나 등등 이런 곳은 성지로서 신앙될 뿐만 아니라 어떤
형태로든지 종교적 효험을 주는 장소로 성역화 되어있다.

원시종족은 장소에 대한 종교적 의미를 더욱 강하게 갖고 있었다.
이들은 한 특수한 공간이 인간의 삶에 직접 영향을 줄 뿐만 아니라, 인간
의 운명도 좌우한다고 믿었다. 공간에 대한 이러한 의식이 특수한 장소
를 성소로 신성화했던 것이다.

수태하려는 여인이 용 바위나 촛대바위에서 지성으로 기원하고 기
도드리는 행위라든가, 터를 지키는 신이 모셔져있는 서낭당을 성스러
운 공간으로 성별하는 일이라던가, 남미 볼리비아 원주민처럼 조상의
발원지를 성역화 하여 후손들의 생식능력이나 활력을 갱신하고 강장
하려 할 때 그곳을 방문하는 것 등은 한 특수한 공간을 성현의 장소로
숭배하는 민속신앙의 표현이다. 이런 공간에 신화와 설화가 첨가되고
나면 신성한 곳, 성지가 된다. 많은 유적지가 설화의 형식으로 신화화되
는 것은 이 때문이다. 이런 장소는 인간이 접촉하거나 접근하기만 해도
신성이 부여진다는 믿음 때문에 인간은 그곳에 누미노제 감정까지 이
입하며, 신앙하고, 성역화하게 된다.

성소

일반적으로 성소는 인간이 소망하는 낙원의 향수에서 설계된 장소라고 할 수 있다. 인간은 보다 고상하고 가치 있는 세계를 동경한다. 그래서 인간은 지금 이곳보다 미래의 어느 때에 접할 수 있다고 믿는 성스러운 공간을 믿는다. 많은 사람이 내세來世의 거룩한 세계를 믿는 것은 이런 이유 때문이다. 대체로 사람들은 그들이 믿는 내세의 거룩한 곳을 신성시하고, 이상화하며, 그들이 사후에 들어갈 수 있는 영원한 안식처라고 생각한다. 이것이 내세관이다. 어쨌든 종교는 내세관을 갖고 있으므로 신이 현현되었다고 믿는 현세의 장소뿐만 아니라 천국이나 극락 같은 피안의 세계 역시 성스러운 공간, 즉 성소로 믿는다.

철학이나 사상이 늘 제시하는 미래의 세계에 대한 청사진은 가치가 절대화된 이상적 세계다. 이런 점에서 그리고 이런 의미에서 인간은 이상적이며 동시에 종교적이다. 그러나 비록 인간을 종교적으로 본질규정하려 하지 않더라도 인간이 본래 현실보다 높은 이상을 가진 존재라는 점에서 미래지향적이고 이상적인 점은 사실이다.

종교는 초현실적 세계에 대한 신앙을 응집한 것이다. 그러므로 종교는 초현실적 세계를 항상 현실보다 더 가치 있는 세계로 인간에게 가르치고 있다. 이런 초현실적인 세계의 실재성을 부분적으로나마 관념화한 것이 성소의식이다. 종교는 지성소화 된 공간을 천국의 실재에 대한 존재 유비로 가르치며 신앙화한다.

성소는 인간이 접촉할 수 있는 성스러운 공간으로서 세계의 중심이라는 의미를 내포하고 있다. 일반적으로 종교는 성소를 중심으로 세계가 전개되는 것으로 해석하며, 세계의 구조를 성소와 연관해서 설명하고 있다. 즉 성소를 중심으로 수직적으로 천상의 세계와 지하의 세계가 나누어질 뿐만 아니라 수평적으로 세계지평이 사방으로 펼쳐지는 것으로 믿는다.

한국에도 고대 조선에서는 구월산을 세계의 중심으로 생각했고, 아테네 사람들은 아크로폴리스를 세계의 중심으로 생각했으며, 중국 사람들은 그 땅 자체를 세계의 중심으로 생각했다. 종교적인 의미에서 성소는 천상계, 지상계, 지하계가 만나는 점이요, 성현화 된 장소다. 그래서 성소는 신성하며 두렵기도 하고 존엄스럽기도 한 곳으로 상징화되어가고 있다.

성소는 종교적 집회장소나 예배처소의 기능만 가진 것이 아니고, 인간의 삶을 모두 간섭하는 기능도 가지고 있다. 이런 초월적 위력이 부여된 장소를 인간은 우주적 생성력과 신의 계시가 집행되는 장소로 신앙하게 된다.

성소는 크게 두 가지로 나누어진다. 세속적인 공간의 어느 특수한 곳에 돌을 쌓아 돌탑이나 돌무덤을 만들어 놓고 빌거나 색깔 댕기나 헝겊 조각을 매달은 새끼줄을 쳐 놓아 성역을 표시하거나 청수, 양초, 쌀, 마른 생선 같은 것을 차려놓고 소원을 비는 원시형식의 신접장소와 신력을 받은 제주가 신의 위탁을 선포하며 신의 임무를 대행하는 제도화된 예배 공간 같은 것을 들 수 있다.

어쨌든 성소는 신과 밀접한 관계가 있는 곳이란 점에서 세속적인 공간이 아니며, 신의 특별한 계시의 장소다. 그래서 세계의 중심이란 의미가 첨가되었다고 할 수 있다. 성소는 그 위치가 어디에 있든지 그리고 그곳이 지구 공학적으로 측정된 지구의 중심점인지 아닌지 관계없이 한 민족이나 종족 혹은 부족에게는 자신들이 있는 바로 그곳이 세계의 중심이다. 인간은 성소를 중심으로 그들의 인생관, 세계관, 우주관을 설계하며, 내세관이나 심지어는 전생까지 성소와 연관 지어 생각한다. 성소는 인간의 종교적 차원뿐만 아니라 인간의 사회적 차원까지 지배하고 있다. 종교사회학적으로 이해하면 성소는 인간의 삶을 지배하고 있는 원초적 동인이라고 할 수 있다.

현대인은 과학의 최첨단 시대에 살고 있지만, 저들의 의식 속에는 성소에 대한 믿음이 잔영처럼 잠재되어 있다. 구국의 영웅들이 안치되어 있는 묘역을 거룩한 곳으로 신성시한다거나, 성인聖人의 유품이 정리되어 있는 곳을 성역화하려는 잠재의식 등등 이런 것은 인류에게 성소의식의 원초성이 잔재殘在되어 있기 때문이다.

인간이 특별한 공간을 신성시하거나 성소로 신앙화하려는 것은 지금 이곳보다 더 순결하고 완전한 곳을 소망하려는 본능 때문이다. 무의식이나 잠재의식이 인간의 본래성으로 인정되는 한, 내세나 사후 세계도 인정될 것이다. 인간은 본래 보다 신성하고 완전하고 거룩한 곳을 신앙하려는 성소본능이나 성소의식을 갖고 있다.

성 아우구스티누스는 하나님의 나라와 대립적 세계로서 지상의 나라를 말하였다. 기독교의 경우 세계는 지상의 나라, 예루살렘은 거룩한 도시, 예루살렘 성전은 거룩한 성전이라고 성별화하며 믿고 있다. 인류의 거의 모든 종교가 대체로 인간이 발붙인 이 땅을 신계와 대립적인 세계로 해석한다. 인간의 세계는 생로병사의 과정이 부단히 지속하고 있는 곳이며, 종교에서는 죄와 욕의 세계로 규정하기도 한다. 모든 종교는 교주가 탄생한 나라를 세속의 땅 중에 성별 된 곳으로, 그리고 그 민족을 선민으로 간주하며 신앙생활을 이어가고 있다. 그중에 특히 교주의 탄생지는 성소 중의 성소로서 순례지가 되며 성전의 상징으로 신앙대상이 되고 있다.

고대 이스라엘 민족은 '거룩한 땅' 개념을 지성소로 구현했다. 출애굽기 28장 29절에는 "아론이 성소에 들어갈 때에는 이스라엘 아들들의 이름을 기록한 이 판결 흉패를 가슴에 붙여 여호와 앞에 영원한 기념을 삼을 것이니라"(출 28:29)라는 기록이 있다. 지성소로 성별 된 곳에는 증거궤(출 26:33)를 두었으며, "지성소에 있는 증거궤 위에 속죄소"(출 26:34)를 두었다고 기록하고 있다(출 26:33-34). 이런 전통은 계속됐다.

성소는 인간에 의해 선택되거나 정해진다기보다는 오히려 어떤 동기에서건 주어진 것이며, 그곳에 신적 위력이 부여되면 성역이 되고 이 세상에 있는 땅이면서 지성소로서 신앙된다.

성소의 특정한 곳이 지성소로 성역화 되는 과정을 히브리서에서 찾아볼 수가 있다.

^{1}첫 언약에도 섬기는 예법과 세상에 속한 성소가 있더라 ^{2}예비한 첫 장막이 있고 그 안에 등잔대와 상과 진설병이 있으니 이는 성소라 일컫고 ^{3}또 둘째 휘장 뒤에 있는 장막을 지성소라 일컫나니 ^{4}금향로와 사면을 금으로 싼 언약궤가 있고 그 안에 만나를 담은 금 항아리와 아론의 싹난 지팡이와 언약의 돌판들이 있고 ^{5}그 위에 속죄소를 덮은 영광의 그룹들이 있으니 이것들에 관하여는 이제 낱낱이 말할 수는 없노라 ^{6}이 모든 것을 이같이 예비하였으니 제사장들이 항상 첫 장막

에 들어가 섬기는 예식을 행하고 [7]오직 둘째 장막은 대제사장이 홀로 일 년에 한 번 들어가되 자기와 백성의 허물을 위하여 드리는 피 없이는 아니하나니(히 9:1-7).

특별한 장소에 일정한 의미가 부여되어 신화적, 전설적, 설화적 혹은 역사적 힘이 발현되면 일반적인 장소의 개념을 벗어나게 된다. 종교학적으로 이런 현상을 역현力顯, kratophany이라고 하는데 공간적 성현을 창출케 하는 힘의 현현이라고 번역할 수 있다. 세속적인 장소에 부어진 초월적 힘의 현현이 성스러운 공간을 세속적인 공간에서 만들어가는 것이다. 비명에 죽은 집에 귀신이 출현한다고 하여 사람이 살기를 꺼린다든가, 벼락 맞은 고목나무에 귀신이 붙어있다고 하여 그곳을 두려워한다든가, 익사 지점에 물귀신이 있어 매년 사람을 잡아간다고 하여 그곳에 들어가기를 주저하는 것 등은 공간적 성현이 가능케 될 수 있는 역현 현상 때문이다. 어쨌든 성소는 인간에 의해 선택되거나 정해진다기보다는 어떤 동기에서건 주어진 곳이다.

다음으로 성소는 인간의 신앙에서 비롯되는 것이라고 할 수 있다. 인간은 누구나 그가 처해있는 곳이 세계의 중심이기를 소망하며 살고 있다. 누구나 할 것 없이 그 자신이 한 집단이나 사회의 의미 있는 인물이 되고 싶어 하며 가능하다면 중심점이 되고자한다. 인간의 문화와 문명의 발달은 인간의 이러한 중심추구 본능에서 발전된 현상이다.

인간은 그가 중심점이고 그를 중심으로 사회와 세계와 우주를 조감하는 점에서 자기중심적이며 세계중심적인 존재다. 인간의 이러한 본능은 자기의 집을 가장 아름다운 곳으로 확신하고, 자기 고향산천을 세계 그 어느 곳보다 좋은 곳으로 그리며, 그런 결과로써 그들이 사는 곳을 항상 성스러운 곳으로 확신한다. 인간은 자신의 나라를 대지의 중심이라고 생각하고 그가 사는 도시를 우주의 배꼽이라고 생각하며 살고 있다. 태아가 탯줄에 생명선을 붙이고 있듯이 인간은 자신이 지금 있는 이 곳을 생명의 원천으로 상징화하려는 본능을 갖고 살고 있다. 그리고 사원, 교회, 성전 혹은 궁전과 같은 곳을 지성소화한 후 세계의 중심이라고 믿는다.

마지막으로 성소는 세계창조의 중심으로 상징화되고 있다. 이미 위에서 언급했듯이 세계의 중심은 신적 능력이 임하는 곳이라는 믿음으로 성지처럼 인식되고 있다. 그뿐만 아니라 그곳은 인간과 세계의 섭리를 위탁받은 제사장들의 치리지역이므로 세계역사의 처음부터 마지막까지를 관장하는 인간사의 중심점이다. 이런 현상을 여러 문화권에서 찾아볼 수 있다.

특히 이스라엘 민족의 통치는 여호와 하나님의 종족인 제사장들, 대제사장들, 예언자들이 왕들의 충언자로서 왕들이 항상 하나님을 두려워하고 지성으로 섬기며 하나님의 뜻에 따라 정치하도록 인도했으며, 이런 충고를 거절했을 때에는 저주와 책망을 하나님께 구하여 왕과 그의 왕국을 멸하는 벌을 주곤 했다.

유럽의 귀족들이 성곽 내에 교회를 지어 늘 하나님의 뜻과 섭리를 구했던 것도 이런 지성소의 정치-사회적 영향력을 입증하는 것이다. 세계사적으로 유명한 십자군 전쟁은 성전聖戰으로서 두 문화권의 충돌이나 정치-경제적 현상으로서 해석하기보다는 성소의 상징인 종교의 본산이 각기 그들의 정치세력을 지배한 결과들이다. 한마디로 성소를 점령하려는 전쟁이었다.

성소는 세계창조의 중심지며 세계지배의 중심지로서 항상 세계관과 밀접한 관련을 맺고 있다. 대체로 원시종족은 세계를 여러 층의 구조를 가진 것으로 믿어 왔다. 지옥, 연옥, 천국이라든가 망부의 세계인 지하세계, 현세 인간의 세계인 지상세계, 선한 영혼의 세계인 천상세계로 3층 구조적 세계관을 고집하는 종교들도 있다. 이런 종교적 세계관을 구축하는 중심점의 상징으로서 성소를 해석할 수 있다.

성소는 예외도 있기는 하지만 대체로 네 벽이나 네 기둥을 하고 있으며 그 위에 둥근 지붕을 덮개로 갖고 있다. 네 기둥은 동서남북의 네 방향에서 우주를 떠받들고 있는 상징이고, 둥근 지붕은 궁창을 의미한다. 그리고 네 기둥 사이의 네 벽은 동서남북의 향방 상징으로서 동서남북 모든 향방(즉 지상 전체가) 이 하늘에 닿았으며 그 기둥들의 네 주춧돌 끝은 지상에서 지하로 심어져 죽은 자들의 망령의 세계와 닿고 있다는 신화적 상징주의의 표현이다. 그래서 대체로 성소의 기둥들은 여러 장식을 하여 아름답게 꾸미지만 그러면서도 기둥의 상부와 하부의 조각이나 그림들이 의미하는 상징들은 다르다. 기둥의 중앙부에는 백마나 비둘기나 날개가 있는 천사들의 조각이나 부조, 그림 등이 그려져 있는 것이 많고, 땅에 닿는 부분에는 죽음이나 어둠의 상징 혹은 기호를 그려 놓거나 죽음을 뜻하는 표의문자表意文字를 기록하여 두거나 뱀이 휘감긴 모습이나 악어 같은 특정 동물들이 조각된 것이 많다. 뱀은 구약에서도 인간을 죄로 유혹하는 악마적 존재로 상징되고 있는데, 여러 종교에서도 뱀을 사악의 상징으로 여기고 있다. 성소는 예배의 장소로서만 의미가 있는 상징체가 아니고, 세계구조의 중심부분으로서도 세계의 형상

*Imago Mundi*의 상징체로서도 의미화 되고 있다.

세계의 중심

성소는 세계의 중심으로 상징된다. 세계의 중심이란 성스러운 곳과 세속적인 곳의 접촉점이며, 지구 위의 절정점으로 이해되는 곳이다.

종교학에서는 세계의 중심을 세계의 축*Axis Mundi*으로 해석한다. 세계가 우주의 축을 중심으로 꼭대기에 천상계, 그 축 밑 부분에 지하계, 그리고 그 사이에 지상계를 이루고 있다는 착상은 매우 놀랄 만하다. 왜냐하면 신화적으로 여러 종족은 하늘과 땅이 연결될 수 있는 길로서 동아리 줄, 야곱의 사다리, 우주의 기둥*Universalis Columna*, 하늘로 치솟는 나무, 덩굴 또는 높은 산 등을 우주의 축과 관계하고 있는 것으로 생각했다. 인간이 인위적으로 축성하려 한 우주의 축으로는 바벨탑을 꼽을 수도 있을 것이다.

멜라네시아의 원주민 중에는 빗줄기를 신이 내려오는 통로라고 믿으며 하늘과 땅의 연결을 생각해 냈다. 이런 모든 것은 하늘에서 땅으로 또는 땅에서 하늘로 통하는 출구가 필요함을 증거 하는 표현이다.

이처럼 인간은 항상 하늘의 세계와 지상의 세계가 닿는 곳을 성역화했고 성현 된 곳으로 믿었다. 성현 된 곳은 세속적인 공간의 동질성을 상실함과 동시에 비균질성 공간인 성스러운 공간으로 변화된다. 많은 종교는 이곳이 세계의 중심이라고 주장한다.

세계의 중심은 대체로 산과 같은 높은 곳을 징표로 삼고 있다. 산은 신의 거처지이며 신령이 내려오는 길이라고 믿는 민속신앙이 산의 꼭

대기를 하늘에 닿는 곳으로 의미화한 것이다. 산에 대한 신화나 민속종교에서 상징화된 산의 의미는 거의 공통적이다.

명산이나 산정에 신이 현현된다는 신화는 거의 모든 민족의 자연신앙으로 고착되어있다. 산정에서 성화를 채화하는 것도 이런 종교의식의 발로라 하겠다. 깊은 산에서 구도하는 것은 세속성이 제거된 곳에 신의 응답이 쉽게 내린다는 믿음 때문이다. 어쨌든 영산靈山이라고 알려진 곳의 고목이나 샘가나 기암에 지성을 드리며 비는 사람들은 이런 특정한 장소에 신이 내재하여있음으로 영기靈氣가 생동하며, 인간의 기도를 들어주고 소원을 성취해 준다고 믿는다. 각 민족이 그들의 명산을 신산神山으로 숭배하는 것은 이런 이유 때문이다.

한국 사람들은 백두산, 태백산, 마니산, 구월산, 지리산을 인도 사람들은 메루Meru 산을, 이란 사람들은 하라 베레자이티Hara Berezaiti 산을, 메소포타미아에서는 가공의 존재인 대지의 산Mount of the Lands을, 팔레스타인에서는 하나님만을 섬기며 복을 받으리라고 선언된 산(신 11:29; 27:12; 수 8:33)인 그리심Gerizim 산을 천지가 접촉하는 우주적 산으로 생각하고 있다(Eliade 1959: 38).

이런 명산에 대한 신앙은 민족마다 저들이 세계에서 가장 높은 곳에 존재하고 있으므로 신과 가장 가깝게 접하고 있다는 선민의식과 성지의식에서 생겨난 것이다.

히브리 전승에 따르면 팔레스타인은 가장 높은 땅이므로 대홍수 때도 잠기지 않았다고 한다. 이슬람 전승에 따르면 지상에서 가장 높은 곳은 카바Kaaba인데 그곳은 하늘의 중심과 맞대고 있다는 사실을 북극성이 증명해 주기 때문이라는 것이다. 엘리아데는 골고다Golgotha가 기독교에서는 우주적 산의 정점을 의미한다고 해석했다. 어떻든 이런 신앙은 각 민족이 그들의 세계가 세상에서 가장 높은 곳이기 때문에 하늘과 가장 근접한 곳이며, 그래서 그곳은 천상에 도달할 수 있는 곳이란 민족 정서에서 착상된 것이다. 각 민족이 산에 대한 이와 같은 신앙과 느낌을 공통으로 갖게 된 것은 인간의 성소본능이라고 하겠다.

지금까지 세계의 중심에 대한 우주론적 의미와 종교적 믿음과의 관계를 개관해 보았다. 간단히 정리해 보면 다음과 같다.

첫째, 성소는 특정한 곳을 세계의 중심이라고 믿는 신앙에 의해 성역화 된 공간이다.

둘째, 사원은 우주적 산의 모사며 하늘과 땅의 연결점이다.

셋째, 사원의 기반은 하계에 뿌리를 뻗고 있다. 따라서 모든 종교는 사원을 우주의 축으로 해석한다.

맺는말

세속적인 공간 내의 어느 특정한 곳만을 성현hierophany과 신현theophany의 장소라고 주장하는 것은 종교적 독단주의다. 다음과 같은 요인에서 이런 오류의 원인을 찾을 수 있을 것이다.

첫째, 신이 창조한 삼라만상은 모두 공간적 차원을 점유하고 있다. 그렇다면 신은 어느 곳에도 그의 섭리를 펴고 있어야 할 것이다. 다만 어느 곳에서 그가 계시될지, 그의 계시의 장소가 어디가 될지는 아무도 알 수 없다.

창조자이며 절대자인 지상의 신은 가시적 공간만을 통하여 계시되는 존재여서는 신이라고 할 수 없을 것이다. 지상의 존재인 신은 절대자인 한 추상적 공간과 꿈의 세계에서까지 성스러운 공간을 점유하며 현현될 수 있어야 할 것이다. 만일 꿈이 비실재적인 것이었다면 인간은 꿈의 의미와 꿈이 예시한 사건들의 실현을 무시해야 할 것이다. 그러나 꿈은 과거나 현재의 삶을 통하여 축적된 인간의 삶의 실재성, 이를테면, 문화, 문명, 교육, 사회, 사상, 전통, 종교, 도덕, 법률 등등 수많은 것에 의해 미래 가능성까지 예시해 주고 있다고 주장하는 이들도 있다.

프로이트는 꿈이 가지는 이와 같은 실재성을 전이轉移된 실재성이라고 했다. 이 말은 꿈의 실재를 현실성의 반영으로 해석하려는 것이다. 그러나 종교적 차원에서 해석한다면 꿈은 신의 현현의 방편일 수도 있다.

결론적으로 말하자면 공간적 성현은 예정된 특정한 곳에서만 일어나는 것이 아니고, 그렇다고 제한적으로 나타나는 것도 아니다. 우주적 공간은 모두 신의 현현의 공간이 될 수 있다.

둘째, 공간의 성현화가 이미 오래전에 예정된 것이라거나 특정한 곳에서만 제한적으로 실현된다는 주장에는 편견이 개입되어 있다. 사람들은 신은 거룩하기 때문에 신과 관계되는 곳은 거룩해야 한다고 생각한다. 이것은 인간적 가치관에 따른 것으로 심미적이고 고상한 곳에 신성을 부여하려는 착상에서 생겨난 것이다. 인더스 강이나 갠지스 강을 성스러운 강이라고 부른다든가, 예수의 탄생지를 성지로 믿는다든가, 메카나 메디나를 성지라고 하여 신자들이 일생에 한 번 이상은 성지순례를 하려는 점 등으로 미루어 보아 잘 알 수 있다. 그러나 공간적 성현을 지정하거나 제한하는 것은 신이 현현되는 세계를 제한하는 것이므로 결과적으로는 신의 권위와 능력을 위축시키는 것이다.

성스러운 공간은 세속적인 공간에 포함되어 있지만, 세속성을 탈피한 공간이므로 제한될 수 있는 공간이 아니다.

제25강
시간적 성현

영원한 현재

　종교현상학에서 시간에 대한 이해는 매우 어려운 분야 중 하나에 속한다. 시간은 물리적으로 같은 속도와 단위를 지니고 있다. 시계가 가리키는 1시간은 어느 공간에서나 같은 측량의 결과를 나타낸다. 그러나 만일 나에게 정확히 60분의 시간을 주며 창조적 작업을 시켰을 때 어제의 60분과 오늘의 60분은 질적으로 다른 비중을 가질 것이다. 사랑하는 사람들끼리 만날 약속을 하고 기다리는 1시간은 매우 느린 속도로 흘러가는 것처럼 느껴질 것이다. 그런가 하면 이 연인들이 만나서 즐거운 대화와 애정을 나누며 지난 1시간은 매우 빨리 지나가버린 것처럼 느껴질 것이다. 지루한 노동의 1시간이나 즐거운 사랑의 1시간은 모든 물리적 시간 단위에서는 60분이라는 같은 과정을 갖고 있지만 각 시간의 흐름에 참여한 참가 요인에 따라 시간의 질은 구별된다. 이런 시간의 이해를 이미 프랑스의 삶의 철학이요, 창조적 진화론의 주창자인 앙리 베르그송Henri Bergson은 수학적-물리적 시간과 생물학적 시간으로 구별하였다. 베르그송은 이 두 시간을 "강도Intension"와 "신장Extension"으로 대체하였다. 그는 시간의 강도는 질Qualitaet로, 시간의 신장은 양Quantitaet으로 규정했다.

이렇게 시간을 질적인 시간과 양적인 시간으로 구별하고 나면 인간은 매 순간 두 시간의 차원에서 존재한다는 것을 의식할 수 있을 것이다. 질적인 시간은 의미가 채워져 있는 시간을 가리키고, 양적인 시간은 한 인간이나 사건의 의미나 내용에 의존함이 없이 지속해서 흘러가고 있는 같은 속도의 시간을 가리킨다. 따라서 양적인 시간은 의미가 제거된 시간일 수밖에 없다. 속인이 수도사의 과정을 마치고 성직의례를 통하여 성직자로 바뀌는 그 찰나는 그 사람에게 그 어느 시간보다 거룩하고 의미 있는 질적 시간일 것이다. 결혼식이 진행되는 시간 중에서 주례자가 신랑과 신부의 선서를 받고 이 결혼이 합법적으로 이루어졌음을 공포하는 순간이라던가, 대통령으로 당선된 사람이 국민 앞에서 대통령 선서를 하는 그 순간은 질의 전이가 숙명적으로 일어나는 순간이며 질적 시간이다.

이상에서 보기로든 사건들은 '경건하다'거나 '성스럽다', '엄숙하다'는 등의 표현을 써서 언급된다. 그것은 세속적인 반복성이 배제되어 있으므로 유일회적einmalig이며 동시에 유일의적einsinnig이기 때문이다. 결혼은 몇 번이라도 할 수 있겠지만, 그 남자와 그 여자의 그때 혼인은 오직 일생에 일회적일 수밖에 없고 그래서 그 결혼에 포함된 의미도 일의적일 뿐이다.

시간적 성현은 다음과 같은 과정을 거쳐 발현된다.

첫째, 모든 시간은 물리적이며 의미적(종교적)이라는 점이다. 이러한 시간관에 따라 시간의 세속적 본질과 성스러운 본질, 즉 세속적 시간과 성스러운 시간이 나뉜다. 성스러운 시간은 세속적 시간의 '이질성 양태異質性樣態, heteromode'며, 특별한 때에 돌출되는 초월적 의미에 의해 규정된다. 비근한 예로 세속적 공간에 성소가 존재하지만, 성소는 그것을 에워싸고 있는 세속적 공간과 영원한 질적 차이가 있는 것과 같은 이치다.

기독교는 예수가 제자들과 나눈 최후의 만찬을 중요한 의식 가운데 하나로 거행한다. 예수는 공생애 3년 동안 제자들과 숙식을 함께 했다. 하지만, 그리스도로서 인간의 죄를 위하여 대속의 피를 흘려야 하는, 그리고 인간 예수로서 생을 마쳐야 하는 마지막 시간을 제자들과 함께하며 나눈 만찬은 특별한 의미를 갖는다. 이것은 그 많은 식사 중에 예수 그리스도가 신인동체神人同體, vere Deus et vere homo로서 지상에서 인간과 나눈 영원한 마지막 식사였기 때문이다. 그래서 기독교는 이 시간을 성화했고, 예수의 만찬을 인간의 구속과 관련시켰다. 성스러운 시간은 이처럼 인간의 시간에서 어떤 동기나 순간이 영원히 질화하는 순간이다.

둘째, 시간의 매 순간은 항상 유일회적이다. 헤라클레이토스는 "만물은 유전한다(πάντα ρει)"라고 주장하며 같은 강을 두 번 건널 수 없다고 역설했다. 한번 건너온 강은 이미 이 세상에 존재하지 않는다는 것이다. 한마디로 모든 자연현상은 유일회성을 지닌 본질로서 지나는 동안에 있을 뿐이라는 말이다. 종교현상학이 시간의 성현화를 궁극적이며 유일회적인 의미와 연계하여 역설하는 것도 존재의 독특성과 개성을 강조하기 때문이다.

인간은 항상 유일회적인 현상과 유일의적인 본질을 절대화하려는 본능을 갖고 있다. 현자賢者한테서 이러한 양상은 더욱 두드러지게 나타난다. 저들은 평범한 자연현상을 특징화하여 범인凡人들로 하여금 의미의 일회성을 수용하게 하거나 대수롭지 않게 여겨졌던 일상사日常事를 복합적으로 해석하며, 사건의 일의성을 매 순간 구조화하려 한다.

성스러운 시간은 사건의 어느 한순간이 비지속적인 단절점으로 성현된 시간이며, 이 사건에 직접 참여한 사람에게 일회적이며 일의적인 의미를 주는 시간이다. 이를테면 떨리며 엄숙한 마음으로 결혼선서를 하는 신랑과 신부한테는 그 순간이 일생 잊을 수 없는 성스러운 시간이지만, 결혼식장 지배인에게는 그동안 많은 사람이 결혼한 시간의 하나에 불과할 뿐이다.

셋째, 성스러운 시간은 신화적 시간을 포괄하고 있다. 인간은 절대자를 의인화하려는 본능을 갖고 있다. 신화는 인간의 이런 본능이 구체적인 진술형식으로 표현된 내용이다. 신화는 항상 그 내용을 반복적으로 의미화 한다. 여러 종족에서 신화는 실제적이고 그래서 인간의 삶과 직접 관계된 사건으로 받아들여지고 있다. 이런 구체적인 표현이 종교의례나 축제 같은 것을 통하여 반복되거나 주기적으로 거행되는 것이다. 이것은 종교가 신화의 원형으로부터 발생된다는 말이다.

종교의 창조 설화나 인간의 원조에 대한 신앙이 신화적으로 기술된 것은 우연한 일치가 아니다. 그것은 인간의 신화 창조적 본능 때문이다. 성스러운 시간, 즉 성현화한 시간은 인간의 신화 창조적 본능이 세속적 시간을 질적으로 영원화한 것이다. 왜냐하면, 시간적인 것은 유한하고 질료적質料的이지만 영원한 것은 무한하고 초월적이기 때문에 그 의미도 영원한 것이다. 이것은 인간이 세속적 시간 중에서 특별한 순간의 시간이나 사건의 때를 성별聖別하여 성스러운 시간으로 성현화 했다는 말이다.

인간의 주관적 삶이 어느 한순간에 몰입되어졌을 때 시간의 성현화는 가능하게 된다. 주관적 자기몰입의 순간은 인간의 구체성을 그 순간에나마 신성화하려는 것이며, 인간사人間事의 시간과는 질적으로 다른 순간에 들어간 신적 시간의 유비라고 할 수 있다. 다시 말해서 성스러운 시간이란 인간의 본성에 잠재된 신화 창조적 본능에 의하여 구현된 신화의 내용이 반복되면서 인간을 신화의 세계에 몰입시켰을 때 생겨나는 순간이라고 할 수 있다. 인간사의 모든 행태인 탄생, 성인식, 성별식, 결혼, 출산, 취임, 퇴직, 질병, 죽음 등은 세속적 시간에 신화의 세계가 개입된 순간들로서 성스러운 시간과 세속적 시간의 만남의 사건들이다.

넷째, 성스러운 시간은 물리적 현상이 종교적으로 의미화 된 시간이기도 하다. 원시 농경민족에서 달의 주기는 농사와 밀접한 관계가 있다. 반달, 초승달, 보름달의 인력引力은 물의 흐름과 인간의 생리와도 관계있으며 태풍, 홍수, 가뭄 등도 달의 운동과 깊은 관계가 있다. 여성들의 생리가 달과 관계되어 있으므로 달을 여성 신으로 신앙하는 종족도 있다.

아직까지도 지상의 많은 종족은 달의 성현적 힘이 우주, 생물, 인간에 직접 영향을 미친다고 믿으며, 이 힘을 생식능력이나 출산 등과 연계해서 해석한다. 저들은 세속적 시간에 신적 위력이 잠입하는 순간 그 시간은 성스러운 시간이 된다고 믿으며 경건한 마음으로 의례를 거행한다.

원시시대부터 이런 의례는 항상 춤과 황홀경을 일으키는 몸짓으로 표현돼 내려왔다. 많은 종족 중에는 아직도 달밤에 여자들이 줄을 지어 남근의 상징인 신목神木이나 양석이나 탑을 중심으로 여근의 상징인 동그라미를 그리면서 군무하는 풍속이 전해지고 있는데 술래가 한 사람씩 허리를 잡거나 어깨동무를 하며 돌아가다가 어느 지점이나 가락의 마디에 와서 그 사람은 놓아지고 그다음 사람이 붙잡히는 차례 돌이의 단순한 춤이 많다. 술래는 남자로, 잡히는 아가씨는 여자로 상징화되는 이 놀이는 달의 주기에 맞추어 행해지는 것이 특색이다. 이런 의식은 우주적 리듬을 성스러운 시간으로 믿는 자연종교의 신앙에서 발생된 것이다.

한국 여성들이 달밤에 노는 술래잡기, 탑돌이, 강강술래, 그리고 기와 밟기, 살쾡이 놀이 등에서 술래를 설정한 것은 이 같은 번식력 또는 여성의 번식력과 밀접한 관계가 있는, 풍년을 비는 그런 중기풍中祈豊의 제전이 유희로 변모된 것이 아닌가 생각되었다(이규태 1985: 160).

아무튼, 인간은 오래전부터 우주적 리듬이 성스러운 시간을 창출한다고 믿었다. 달의 성현이 생식능력을 보강하거나, 성욕을 왕성하게 한다는 믿음 역시 우주적 리듬과 시간의 관계를 종교화한 것이다. 이런 믿음에 따르면 우주적 리듬과 관계된 모든 시간은 성현 된 시간이 될 수 있다.

다섯째, 성현 된 시간은 영원한 현재의 시간이다. 좀 더 자세히 진술하면 성현 된 시간은 어떤 동기에 의해 성스러운 시간이 되었다고 하더라도 결론적으로는 세속적 시간에 영원한 시간인 영원성이 개입되어

질적으로 변화된 시간을 의미한다. 시대를 소급해 올라갈수록 이런 성현 된 시간은 인간의 생명과 밀접한 관계가 있는 생식력, 번식력, 생명, 재생 등의 의미를 포함한 상징으로 나타난다. 아프리카와 중근동 지역에서 행해지는 할례 의식이나, 세계 여러 곳에서 관습화되어 행해지고 있는 성인식, 성녀식, 침례, 성욕식, 거듭나는 의례 등은 모두 성적 현현을 승화하여 성스러운 시간으로 변형시킨 의식이다. 성스러운 시간은 세속적 시간과 예배와 같은 종교적 의례에 의하여 성별 될 뿐만 아니라 성인식, 성녀식, 초조의례, 혼례식, 출산, 신혼식 등과 같은 종족 특유의 의례에 의해서도 성별된다. 남녀의 결합은 우주적 조화라는 상징적 의미 때문에 원시종교에서는 신성한 것이었다. 성스러운 시간은 성적性的 표현이 승화한 에로티시즘의 절정순간을 내포하고 있는 시간이다.

기독교에서는 예수를 구주로 믿으면 일정 기간이 지난 후 세례를 받게 한다. 한 인간이 세례를 통하여 깨끗한 인간으로 거듭난다는 것은 영적으로 성스러운 시간에 살고 있다는 확고부동한 신앙이 있을 때 체험되는 것이다. 인간은 신앙의 강도에 따라 현재의 시간에서 영원한 시간을 체험할 수 있다. 거듭남의 시간, 신자로의 결심과 회심의 때가 영원한 현재다. 이 역시 인간에게 육신적-정욕적 차원과의 관계에서 성현 된 시간을 규정하려는 것이다. 사도 바울은 그리스도를 박해하다 한순간에 하늘로부터 빛과 음성이 있어 개종한 후 그리스도의 전도자가 되었다(행 9). 이것은 바울이 개종하는 순간 시간에서 영원을 체험한 사건이었다.

생명이 거듭난다는 사상은 삶의 철학적 도식으로도 정리된다. 프리드리히 니체Friedrich Nietzsche는 "만물은 오고 만물은 가버린다"라는 말을 남겼다. 그의 이 말은 상식적인 어구로 들리지만, 그는 이 말에 담긴 만물의 본질을 영원한 회귀의 철학으로 해석하며 인류의 역사와 문화를 규명했던 것이다. 역사의 흥망성쇠를 주기적으로 해석하는 역사철학이라든가 생명체의 재생을 주장하는 종교는 성스러운 시간을 한결같이 "위대한 날der grosse Tag"이나 "위대한 해the great year", "의미로 충만한 시간kairos" 등으로 규정한다. 이 성스러운 시간은 우주적 순환원리에서는 유일회적 사건을 통해 현현되지만, 개인이나 인류 역사의 순간들에서는 매 순간이 성현 된 시간이 될 수 있는, 긴장되고 열려 있는 유일의적 시간이다.*

여섯째, 영원한 현재의 시간적 의미는 현재화한 영원의 차원을 가리키는 말이다. 인간은 유한한 존재이기 때문에 본질적으로 영원한 것을 동경하게 되어 있다. 인간의 이러한 본질이 '유한성 열등의식'이다. 유한성 열등의식을 안 가진 사람은 한 명도 없다. 이것은 인간의 본성이기 때문이다. 인간은 항상 영원에의 동경을 하며 살고 있다. 이 영원에의 동경은 성소를 낙원의 구원체로 믿으려는 성소의식과 같은 맥락에서 발상된 것이며, 성스러운 공간인 낙원이나 천국에서 살고 싶어 하는 인간의 소망이 그곳에서 영원히 살고 싶은 종교적 소망으로 충족된 것이다. 단적으로 말해서 유한성 열등의식이 영원한 곳과 영원한 때를 갈망하는 신앙으로 제도화된 것, 그것이 종교다.

이곳에서 엘리아데의 말을 빌려 결론을 맺고자 한다.

---

* 니체(F. Nietzsche)의 중심사상을 좀 더 깊이 고찰하려는 독자는 필자의 논문, "프리드리히 니이체 철학에 대한 새로운 이해," 『신학논단』 제13집 (1977): 85-108 쪽을 참조하시오.

'영원에 대한 향수nostalgia for eternity'는 인간이 구체적인 낙원을 동경한다는 것을 입증하는 것이다. 인간은 이곳 지상에서 그리고 지금 이 실존적 순간에 낙원을 체득할 수 있으리라는 믿음을 갖고 살고 있다. 성스러운 시간과 공간에 관련된 고대 신화들이나 의례들도 '지상의 낙원earthly paradise'이나 인간이 접근할 수 있고 '실감할 수 있는' 영원한 곳으로 돌아갈 수 있다는 믿음을 담고 있다(Eliade 1966: 408).

제26강
존재론적 성현

머리말

언어는 인간의 근본적이고 공통적인 것으로서 인간의 존재 양태를 규정한다. 인간의 삶 자체가 언어의 표상에 의해 존재성을 가지므로 인간은 사실상 언어에 의해 인간으로서 존재하게 되는 것이다. 따라서 문화로 이해되는 삶의 모든 현상은 언어에 의존하며, 언어에 의해 해석되고 표현된다. 광의적으로 말하면 인간은 언어를 통해 지금 이곳에 있는 것이다.

종교의 경우 '성스러운 것*hieros*'의 '현현*phainein*', 즉 '성현聖顯, hier-ophany'은 언어에 의해 표출되는 현상이다. 종교현상학이 언어에 의존하는 것은 이 때문이다. 바꾸어 말하면 성현은 언어에 의해 해석됨으로써 종교성을 지니게 된다. 이것은 삶의 모든 것을 표현할 수 있고, 인간의 존재를 규정할 수 있는 언어는 존재의 속성을 지니고 있으며, 존재론적이라는 말이다. 여기에서는 삶의 모든 현상이 언어에 의해 존재 자체로 규정된다는 것을 존재론이라는 개념으로 사용한다. 인간에 대한 존재론적 이해란 '언어성Sprachlichkeit'을 의미한다.

상징을 만드는 동물

1. 종교현상을 체험할 수 있는 방법에는 여러 가지가 있다. 이를테면 자연종교 형태의 의례나 행위에 직접 참여하는 방법이라든가, 특이한 동물이나 식물, 또는 자연현상을 신격화하여 믿는 방법이라든가, 그렇지 않으면 초자연적이라고 믿는 것을 신앙화하여 교리체계로 전승하고 있는 고등 종교에 참여하는 방법 등이 그런 것들이다.

그러나 모든 종교가 이 세 가지 유형 중의 어느 한 방법론에 따라 종교현상을 표현하도록 엄격히 제한된 것은 아니다. 이 세 유형의 표현방식은 본질적으로 서로 얽혀 있으므로 개별적 단위로 분리할 수 없다.

종교현상학은 종교행위의 불가시적 대상에 대한 신앙과 그러한 행위와 신앙에 대한 초자연적 의미를 분석하고, 범주화하고, 제시함으로써 종교의 본래성을 규명하려는데 목적을 둔 학문이다.

이런 맥락에서 종교학자들은 종교적 성향이 인간의 본래성이라고 규정한다. 인간을 가리켜 '종교적 인간'이라고 하는 것은 인간을 "사회적 동물", "도구를 만들고 사용하는 동물", "이성적 존재", "세계 개방적 존재" 등등 수많은 정의 가운데 하나다. 인간은 자신의 유한성과 자신보다 위대한 어떤 존재의 영원성 같은 것을 대비적으로 사유할 수 있는 존재로서 영원성을 그 어떤 존재와 관련지어 신격화함으로써 세계를 종교적으로 구조화하였다. 이런 점에서 인간을 '종교적'이라고 정의하는 것은 그 어떤 인간 정의보다 근본적이다.

2. 종교현상학은 인간의 종교적 성향이 어떤 대상을 상징화하여 보여준 현상을 서술하는 학문이기도 하다.

상징은 기호나 신호와 같은 것과는 구별된다. 기호나 신호는 인간만 사용할 수 있는 형식은 아니다. 동물도 그 나름대로 기호나 신호를 매체로 하여 의사전달을 한다.

하지만 인간이 동물과 다른 점은 기호나 신호에 상징을 부여함으로써 거기에서 더 깊은 의미를 발견하게 된다는 것이다. 동물은 기호와 그 기호가 가리키는 대상과의 관계를 이해하거나 내용을 전달할 수 없다. 그래서 동물학자들은 동물은 본능적으로 반사 작용하는 것이지 기호나 신호의 의미에 의해서 반응하는 것이 아니라고 한다. 그 반면에 인간은 본능적으로 기호나 신호에 반응해서 행동하며 반복적 행동을 일정한 표식으로 정해서 다른 사람과 같은 의미에서 사용할 것을 약속한다.

이를테면 시계는 일반적으로 시간의 상징이다. 그런가 하면 태양은 종족에 따라 남성의 상징이기도 하고 신의 상징이기도 하며, 여성의 상징이기도 하고 사랑의 상징이기도 하다. † 나 卍은 그 자체가 행동의 지침이 아니고, 기호에 담긴 의미 때문에 특정 종교를 상징하게 되며, 동시에 그 종교의 핵심교리를 연상케 한다. 단적으로 말해서 인간은 기호와 그 의미를 구별할 수 있을 뿐만 아니라 기호와 의미 간에 발현發顯되는 상징관계를 인식할 수도 있다. 이런 의미에서 인간을 "상징적 동물animal symbolicum"이라고 규정하기도 한다.

3. 언어, 표정, 몸짓 등은 인간이 자신의 존재성을 표현할 수 있는 행위다. 언어는 인간이 구사할 수 있는 상징능력의 일반적 형식이다. 인간은 그들의 입에서 소리를 내어 살아가면서 체험한 내용을 표현하기도 하고, 언젠가는 성취되기를 희망하며 계획한 삶의 이정표를 발표하기도 한다. 이것을 일반적으로 언어라고 한다. 이때 언어는 소리로 변용된 상징이다.

그러나 음성언어인 소리와 그에 대한 전이해前理解가 없다면 언어와 그것이 의미하는 것 간에는 아무런 관계가 없다. 비근한 예로 'zum Wohl!'이라고 외치는 소리가 독일어를 모르는 사람에게는 무의미한 소리일 뿐이다. 그러나 'zum Wohl!'을 '건강을 위하여!'로 이해할 수 있는 사람에게서는 이 외침의 소리가 '건배'를 상징하는 의미를 갖게 된다. 따라서 'zum Wohl!'이란 소리와 그 의미는 상징적 관계에 의해서 연결되어 있음을 알 수 있다. 그리고 상징은 특수집단의 고유한 약속임도 사실이다.

언어적 상징체계 외에 인간은 풍부한 표정을 통하여 의사전달을 할 수도 있다. 표정은 소리 없는 언어다. 고개를 끄덕여 동감을 표현할 수도 있고, 얼굴에 미소를 지어 기쁨이나 만족을 나타낼 수도 있으며, 얼굴을 찡그려 불쾌감이나 불만을 나타낼 수도 있다.

몸짓도 인간과 인간이 의사소통할 수 있는 상징능력의 하나다. 강 건너 있는 사공을 손짓으로 오게 한다든가, 교통경찰이 신호등이 고장난 교차로에서 수신호로 차량을 진행이나 정지, 또는 회전하도록 하는 동작 등도 소리언어에 못지않은 훌륭한 언어다. 이런 모든 행위는 인간의 몸짓을 상징화한 것이다. 인간은 이렇게 일상생활에서 항상 상징을 통하여 의사소통하면서 생활하고 있다.

4. 인간은 상징을 만들며 존재한다. 특히 종교는 여러 분야 중에서도 상징과 더욱 긴밀하게 관계하고 있다. 종교는 상징체계에 속한다. 종교적 의례는 거룩하고 신성한 행위로써 인간이 절대적 존재와 교섭하거나 절대적 존재의 계율이나 계명에 따라 살아가도록 신앙공동체 참여의식을 고취시켜준다. 그뿐만 아니라 종교적 의례는 상징적 표현양식을 포용하고 있는 행위로서 신화나 문장紋章, 또는 다른 상징적인 것과 더불어 복잡한 의미를 전달하게 된다.

종교적 상징은 종교를 해석하는 분야에 따라 상이한 관점에서 이해된다. 그것은 불가시적인 대상에 대한 신앙형태와 내용에 따라 각양각색으로 상징화되기 때문이다. 예컨대 원시종교들의 경우 종교적 상징은 하나같이 '생명-우주론적bio-cosmological' 개념을 내포하고 있는 것이 특징이다. 풍작을 비는 종교적 의례로서 중국 농부들이 초봄에 들판에서 성교하는 행위라든가, 암보이나Amboyna 섬 원주민들이 정향나무가 시들하면 밤에 알몸으로 나가 '정향나무!' 하며 소리치는 행위는 풍년, 풍작을 성행위나 성적 상징을 통해 활성화할 수 있다는 신앙에서 기인한 원시적 종교형태다.

풍작에 대한 종교적 상징은 여러 가지가 있다. 중앙아프리카의 바간다Bagandas족의 경우 쌍둥이를 낳은 어머니는 다산성을 지니고 있음으로 바나나를 많이 열리게 할 수 있는 생산력을 가진 중요한 인물로 여겨진다. 그래서 그녀에게 남편과 성교할 때 바나나 잎사귀들을 그녀의 양다리 사이에 놓고 하도록 하는데, 만일 성교 중에 바나나 잎사귀들이

밀려나게 되면 그녀의 비상한 힘(다산성)이 분출된 것으로 간주하여 이웃 사람들이 그것을 가지려 하거나 비싼 값을 주고라도 사려고 한다 (Eliade 1966: 315). 종교현상학적으로 볼 때 이 잎사귀들은 인간에 의해 다산성이라는 초자연적 의미가 부여되면서 종교적으로 상징화된 것이다.

5. 이상에서 우리는 상징을 만들 수 있는 인간의 본래성과 몇 개의 상징화 과정을 간단하게나마 살펴보았다. 이제 여기서 우리가 내릴 수 있는 결론은 다음과 같다.

첫째, 인간은 무엇인가 말할 수 있으며 서술할 수 있다. 그뿐만 아니라 인간은 언어를 사용하여 의사를 표현하며 의사소통을 한다. 문제는 말한 것을 어떻게 상징화할 수 있는가 라는 것이다. 종교는 초자연적인 것을 구체적으로 표현하기 위하여 상징을 사용한다.

둘째, 인간은 상징화된 것을 해독解讀할 수 있는 능력을 갖고 있다. 해독될 수 없는 자료나 종교의식은 인간에게 아무러한 영향도 미칠 수 없다. 종교의 형성과정이 이런 것들로 엮어졌다면, 이렇게 집필된 종교사는 역사성이 고증되지 않은 자료나 종교의식을 아전인수 격으로 해석하여 엮어놓은 픽션에 불과할 뿐이다.

셋째, 만일 종교사가 해독될 수 없는 자료를 수집해 진열해 놓았다고 한다면 이 진열장 속에 전시된 진열품들은 관람객들에게 구경거리 이외의 의미나 가치는 제공할 수 없을 것이다.

넷째, 종교학자들이 수집한 종교현상이 생명력 없는 자료에 불과하다면 종교의 역동성과 현실성은 상실될 것이고, 종교는 존재할 수 없을 것이다. 그것은 마치 인간이 깨진 도자기 조각을 보는 느낌이나 감상과 다를 게 없을 것이다.

다섯째, 종교적 상징이 해석학적 행위인 체험-표현-이해의 순환 과정을 거쳐 규명될 때 종교적 상징은 생동성을 발하게 될 것이다.

여섯째, 종교학의 최대 과제는 종교적 상징을 해독하여 종교의 본래성을 드러내는 데 있다.

일곱째, 종교현상학은 종교적 의례나 의식, 징표나 유품 등을 통해서 상징체계를 생명력 있도록 재구성하는 학문이다.

상징과 실재

보들레르Charles Baudelaire는 프랑스의 상징주의 시인이다. 그는 「교감(交感)」에서 자연의 미를 상징화하여 읊고 있다.

자연은 신전, 그 살아있는 기둥들에서
이따금 어렴풋한 말들이 새어 나오고
사람은 상징의 숲들을 거쳐 거기를 지나가고
숲은 다정한 눈매로 사람을 지켜본다.

멀리서 아련히 어울리는 메아리처럼
밤처럼 광명처럼 한없이 드넓은
어둡고도 깊은 조화의 품 안에서
향기와 색채와 음향은 서로 화합한다.

어린애의 살결처럼 신선스럽고

오보에처럼 보들하며, 목장처럼 푸른 향기 어리고

또 한편엔 푸짐한 승리의 향기있어

용연향, 사향, 안식향, 훈향처럼

무한스런 것으로 번져 나가서

정신과 감각의 환희를 노래한다.

　　이 시에는 시적 미학의 상징성이 바탕에 깔려있다. 보들레르는 이 시에서 물질세계와 정신세계가 서로 교감하는 것을 상징관념으로 표현하려 했다. 물질세계가 제공하는 구현된 상징을 통해 정신세계를 직관하며, 신비에 싸인 '어렴풋한 말들'을 시로 풀이하는 것을 시인의 과제로 본 것이다. 시를 상징의 해독행위로 간주한 것이다.

　　한마디로 시인은 물질세계에서 정신세계를 직관할 수 있어야 하며, 동시에 직관된 내용을 상징화할 수 있어야 하며, 상징화된 실재를 해독할 수 있어야 한다는 말이다. 시상詩想이 종교성을 띠게 될 때 시인의 누미노제 감정이 용암처럼 분출되는 것은 이 때문이다. 요컨대 참된 시인은 종교적 영감에 취한 사람이어야 한다는 말이다.

　　이와 유사한 의미에서 틸리히Paul Tillich도 상징에 관해 언급한 바 있다. 그에 따르면 상징은 실재를 개념화하여 표현한다. 개념이 상징으로 표현되기도 하고, 상징이 개념으로 표출되기도 한다는 말이다. 그뿐만 아니라 개념은 상징을 역사의 척도로 만들기도 한다(Tillich 1962: 353). 시적 언어도 종교적 언어처럼 대상을 상징으로 표현한다. 하지만, 시적 언어가 종교적 언어와 다른 점은 시는 인간의 실재와 만나는 질적인 것을 표현한다는 것이다. 다만 시는 존재의 차원을 다른 방식으로 묘사할 수 없으므로 조형적 방식을 사용할 뿐이다. 어쨌든 시적 언어도 일상적 경험의 대상을 상징화한다는 점에서는 종교적 언어와 큰 차이가 없다는 말이다(Tillich 1963: 59; 1966: 75).

여기에서 우리는 두 가지 점을 주의 깊게 음미해 보아야 한다. 우선, 종교적 상징은 구체적인 삶에서 표현되는 궁극적 실재에의 지향이라는 점, 그리고 상징은 그 형식이 종교적이거나 문학적이거나, 또는 문화적이거나 예술적이거나 간에 반드시 인간과의 만남의 질을 포용하고 있다는 점이다. 이것은 상징화된 것에 궁극적 의미가 포함되면 종교성을 지니게 된다는 것을 의미한다.

엘리아데의 종교적 상징에 관한 정의

종교적 상징은 궁극적 실재를 수용하고 있으므로 항상 새롭게 해석되고 이해됨으로써 신앙의 대상을 표현할 수 있다. 엘리아데는 상징의 종교적 역할을 분석하여 몇 가지로 정의했다.

1. "종교적 상징은 직접 경험했으나 불명확한 실재의 양식이나 세계의 구조를 드러낸다"(Eliade 1973b: 98).

2. "종교적 상징은 무언가를 실제로 가리키거나 세계의 구조를 가리키므로 항상 종교적이다"(Eliade 1973b: 98).

3. "종교적 상징의 가장 중요한 특징은 다가치성이며, 직접 경험했으나 불명확한 여러 의미를 동시에 표현할 수 있는 능력이다"(Eliade 1973b: 99).

4. "종교적 상징은 인간으로 하여금 세계의 특별한 요소를 발견할 수 있도록 하며, 자신의 운명을 세계의 통합부분으로 드러나게 한다"(Eliade 1973b: 100).

5. "종교적 상징의 가장 중요한 기능은 역설적 상황이나 궁극적 실재의 구조를 표현하는 역량이다"(Eliade 1973b: 101).

6. "종교적 상징은 인간의 상황을 우주론적 용어로 그리고 그 역으로도 바꾼다. 좀 더 정확히 말하면, 종교적 상징은 인간의 실존적 구조와 우주적 구조 간의 연속성을 드러낸다"(Eliade 1973b: 103).

상징-신화-실재

1. 종교현상학은 궁극적 실재와 신성 자체를 계시하고 있는 종교현상을 상징화하는 학문이다. 그러므로 종교적 상징을 해독하지 않고서는 종교현상을 이해할 수 없다.

종교적 상징은 궁극적 실재에 접근하기 위하여 궁극적 실재 자체를 가시적이고 감각적인 형태로 구성한다. 그러므로 종교적 상징은 이성이나 합리적 사고를 통하여 이해될 수 있는 성질의 것이 아니고, 궁극적 실재에 인간이 참여함으로써 체험될 뿐이다. 이때 인간의 이성이나 합리성은 궁극적 실재에의 참여를 결정할 수 있는 실존적 결단을 요구하고, 궁극적 실재의 계시성은 인간의 실존에 침투되게 된다.

　2. 종교현상학은 신성을 종교적으로 상징화할 뿐만 아니라 언어를 매개로 상징화된 것을 여러 의미와 방식으로 구현한다. 이미 앞에서도 언급했듯이 언어의 기능이란 의사소통을 통한 상호 이해에 있다. 언어는 상징화된 것을 해독하여 이해할 수 있도록 하는 도구고, 상징은 언어화된 것을 표현하여 해석할 수 있도록 하는 수단이다. 한마디로 이 세상의 어느 언어보다 가장 원초적인 언어가 상징이라는 말이다.

　언어는 원시인들도 사용했다. 원시인들도 인간과 언어, 인간과 자연, 인간과 신적 세계에 대한 관계로부터 세계구조에 대한 원리를 추구했다. 원시인들은 사물이나 자연이나 궁극적 실재를 표현하는 수단으로 은유metaphors와 환유metonyms의 방법을 사용했다. 그들의 언어는 '과학적scientific' 언어가 아니고 '시적poetic' 언어였다(Comstock 1971b: 70).

　앞장에서도 언급했듯이 시적 언어란 상징으로 표현되는 언어의 원초적 유형에 속한다. 그러므로 인간의 선조들은 처음부터 언어를 사용해왔으며, 그들이 사용한 언어는 과학적, 음성학적, 문법적 언어가 아니고 세계구조를 해석하고 규명하기 위하여 그것에 직접 참여하는 '초-논리적 언어meta-logical language'였다. 이 언어는 상징체계에 속하며, 원시인들은 이 언어를 통하여 그들의 세계를 해석했으며 이해했다. 그들이 초-논리적 언어로 해석한 세계상이 곧 신화다. 따라서 신화는 원시인들의 집단의식을 묘사한 과학적 서술이며, 집단을 통일적으로 형성할 수 있는 원리이며, 원시사회 구성원들의 행동강령이고, 생존방식이었다. 원시인들에게 있어서 신화는 현대인들에게 있어서 과학이나 마찬가지로 절대적 진리의 체계일 뿐만 아니라 삶의 본질이 함축되어 있는 존재론적 기초가 되는 것이었다.

3. 상징으로서의 신화는 초-논리적 언어를 가지고 있다. 그러므로 신화라면 황당무계한 이야기나 믿을 수 없는 허위사실을 담고 있는 가공스러운 이야기로 생각하는 것은 아주 잘못된 것이다.

신화는 비과학적인 내용을 담고 있지만, 그러나 초-논리적 언어를 통하여 존재의 본질을 서술하고 인간과 자연과 우주의 궁극적 원인을 설명하며 인간의 행위에 규범을 제시하는 기능을 가지고 있다. 그러므로 신화는 처음에 발생한 때에서 아무리 시공간적으로 멀리 떨어져도 항상 진실을 말한다는 것에는 변함이 없다. 모든 신화는 '태초에in the beginning' 생긴 사건을 말하며, 그래서 행동이나 상황에 대한 규범적 보기가 되는 것이다(Eliade 1966: 410).

신화는 실재를 묘사하고 있다는 점에서 역사적이기도 하다. 역사적인 것은 존재론적인 것을 의미하는 것이며, 실증적인 것을 말하는 것은 아니다. 신화는 태초의 거룩한 시간 속에 세속적 시간이 함몰된 사실을 말하는 신성한 역사다. 한마디로 신화는 인간의 원초적 언어로서 표현하고자 하는 것을 상징을 통해 드러냈던 역사적 서술이다(Cf. Eliade 1975: 23ff.; 1966: 416).

제27강
문화적 성현

    종교현상에는 상징체계가 매우 깊이 관여되어있다. 종교는 상징 이 외의 어떤 것으로도 해석될 수 없다. 따라서 종교 이해의 수단이 되는 상징체계를 문화적으로 이해하느냐, 종교적으로 이해하느냐에 따라 종교의 본질을 규명하는데 차이가 있을 수밖에 없다. 종교는 문화적이 고, 문화는 종교적이다. 물론 이러한 주장에 대한 반론도 많을 것이다. 그러나 종교와 문화의 관계를 인간의 구체적인 삶에서 고찰해 보면 이 러한 주장의 타당성에 수긍할 수밖에 없을 것이다. 왜냐하면, 인간은 초 자연적인 실재에 대한 종교성을 지닌 존재인 동시에 문화 창조적 존재 이기 때문이다.

    종교는 성스러운 본질이 개입된 문화다. 다시 말해서 종교는 일반 적으로 문화현상이라고 부르는 인간의 언어와 문자, 영혼과 죽음의 관 념, 의식주 생활을 포함한 생활습관, 도덕률과 사고구조, 사회 지배형 태와 계명 등을 성현화 했을 때 발생하는 역현kratophany이다.

    문화적 성현의 몇 가지 현상을 밝히면 다음과 같다.

언어

　종교에서 언어가 차지하는 비중은 매우 지대하다. 인간은 여러 형태의 언어를 통하여 초월자인 신과 교제를 하며 관계하고 있다. 언어적 표현으로서 통성기도, 침묵기도와 같은 기도들을 들 수 있다. 축복과 저주의 말도 종교적 차원에서는 매우 위력 있는 언어적 표현에 속한다. "말이 씨가 된다"라는 속담이 있다. 예컨대 어린아이에게 저주스러운 말을 하면 그 아이가 커서 그렇게 된다는 것이다. 이것은 언어에 주술적 위력이 있다는 믿음의 표현이다.

　우리 주변에서 성스러운 표현들이 반대로 욕으로 전용된 것도 있다. 한국에서는 심혈을 기울인 노력의 결과가 한순간에 무너졌을 때 '나무아미타불南無阿彌陀佛'이라는 말을 쓰기도 한다. 독일에서는 일이 잘 안되고 결과가 기대한 것과 다를 때 실망 조로 '싸크라멘트Sakrament!'라고 하는데, '제기랄!', '빌어먹을!' 혹은 '아이고!'와 같은 감탄적 투정을 나타내는 의미로 사용된다. 본래 '나무아미타불'은 아미타불에 귀의한다는 뜻의 염불 소리의 한 가지이며, '싸크라멘트'는 성사聖事를 뜻하는 기독교 용어다. 하지만, 성스러운 용어가 세속적 언어로 인구에 회자膾炙되면서 그 의미가 이질화되고 변질된 것이다.

　모든 종교에는 종교마다의 특유한 개념과 언어적 표현방식이 있다. 기독교는 창조신앙과 구속신앙을 주장하는 종교다. 예배의 대상은 창조주 하나님이며, 기도의 중보자는 예수 그리스도다. 기독교의 기도는 "우리 주 예수 그리스도의 이름으로 기도하나이다. 아멘"이라고 하는 특유한 형식으로 끝을 맺는다.

문자

종교의 주력이 문자(기호) 속에서도 현현된다는 신앙은 원시시대부터 이어져왔다. 이런 목적으로 쓰인 영험靈驗한 문자가 부적符籍이다. 부적이 악귀나 재앙을 물리치고 복을 가져오게 한다고 믿는 사람들은 무당이나 법사가 괴황지槐黃紙나 누런 창호지 등에 황색이나 적색으로 글씨를 쓰거나 그려준 부적을 몸에 지니고 다니기도 하고, 얇은 나뭇조각이나 창호지에 쓰인 부적을 문설주나 문지방, 서까래 등에 부쳐 놓기도 한다.

부적이 주술의 효험을 발휘한다는 신앙은 무속신앙의 일반적 현상이다. 이런 행위는 부자符字에 역현kratophany이 담겨있다는 믿음을 신앙화 한 것이다. 상형문자 문화권에서는 사물을 형상대로 표현하므로 때로는 그것에 부쳐진 이름이 신의 명칭이 되기도 하고, 때로는 신성한 것으로 여겨지기도 한다.

부적은 재앙이나 액운을 미리 방지하고 인간사人間事에 끼어드는 악귀와 잡신을 쫓아내기 위하여 쓰는 부자符字를 적은 것이다. 부적은 개인이나 가문의 현세복락과 불로장생 등을 목적으로 하는 자연신앙의 한 형태로서, 원시문화권에서는 성스러운 본질이 작용하는 초능력적 위력을 지닌 것으로 간주되었다. 본래 부적은 몸에 지니고 다니거나 소유물에 부착하였지만, 부적에 대한 신앙이 확산하면서 가옥은 물론이고 모든 물건이나 심지어 요즘에는 사업장이나 도구에 이르기까지 붙여지고 있다. 부적은 부자를 적어놓은 종잇조각이나 헝겊 조각 혹은 나뭇조각을 일컬어 왔지만, 부적신앙의 발달로 동물의 뿔과 뼈, 사람의 두

개골, 혹은 이빨, 흙으로 빚은 물건들이나 돌조각, 식물, 인형 등을 부적으로 사용하기도 한다.

　부적신앙은 현대인들에게도 잠재되어 있으며, 그들의 장신구나 소유물을 통하여 표현되고 있다. 이를테면 사람들이 지니고 다니는 목걸이나 팔찌, 반지 등은 단지 미적 효과를 살리기 위한 기능으로만 사용되는 것은 아니다. 때로는 특정 종교의 상징이 새겨지거나 상징물이 부착된 장신구를 지니고 다님으로써 부적의 효과를 기대하기도 한다. 한마디로 십자가(✝) 모양, 만(卍)자 모양, 다윗의 별(✡) 모양 등등 특정 종교를 상징하는 장신구를 사람들이 지니고 다니다보면 차츰 이것에 주력이 있다고 믿는 신앙이 생겨나게 된다는 것이다. 상품화된 종교의 상징이 부적으로 둔갑된 것이다.

　장신구에 부착된 상징이 부적으로 주력을 발현한다는 믿음은 인간의 공통성이다. 인도의 여인들은 고행의 한 방편으로써 잘라낸 남근男根 살가죽으로 반지를 만들어 손가락에 끼고 다닌다. 그러나 종교적으로 보면 이러한 일은 고행의 차원을 넘어선 것이며, 성적 주력을 기대하고 있는 인도 여인들이 고행이라는 미명 하에 남근의 살가죽을 자기의 피부에 붙이고 다님으로써 부적의 효험을 기대하는 인도 여인들의 관능적이고 변태성욕적인 행위의 종교화라고 말할 수 있다.

　엘리아데는 성현의 차원에서 종교현상학을 정립하려는 종교학자이며 방대한 자료를 제시하면서 성현의 본질을 서술하고 있다. 그는 문자의 위력을 믿는 한 예로서 루마니아 농부들의 민간요법에서 사용되고 있는 전통적인 처방을 소개하고 있다. 루마니아 농촌에서는 옛날부터 사람이나 동물이 변비가 되면 정결한 접시에 *Phison, Gehon, Tigris,*

*Euprates*라는 글자를 적어 맑고 깨끗한 처녀수virgin water로 닦고 나서 환자에게 그 물을 마시게 한다. 그러면 그가 치유된다고 믿는다. 동물의 경우에는 콧구멍으로 그 물을 부어 넣는다(Eliade 1966: 444).

이 접시에 쓰인 4 글자는 성서(창 2:10-14)에 기록된, 에덴에서 발원하여 동산을 적시고 거기서부터 갈라져 흐르는 비손, 기혼, 힛데겔, 유브라데라는 4개의 성스러운 강의 이름으로서 주술신앙의 관점에서 보면 우주를 정화하는 것이며, 인간이나 동물의 신체적인 소우주도 성스러운 강의 주술적 위력으로 정화할 수 있다는 신앙심 깊은 농부들의 소박함에서 착상된 것이다. 4개의 성스러운 강의 이름을 적어 처녀수로 씻은 물을 마시는 행위는 문화적 성현의 한 표본을 문자의 위력에서 보여주는 자연신앙의 유감형식이다.

표적

출애굽기(출 12:5-14)에는 여호와께서 이스라엘의 지도자 모세와 아론에게 출애굽에 즈음하여 한 말씀이 기록되어 있다.

[5]너희 어린 양은 흠 없고 일 년 된 수컷으로 하되 양이나 염소 중에서 취하고 [6]이 달 열나흗날까지 간직하였다가 해질 때에 이스라엘 회중이 그 양을 잡고 [7]그 피를 양을 먹을 집 좌우 문설주와 인방에 바르고 [8]그 밤에 그 고기를 불에 구워 무교병無酵餠과 쓴 나물과 아울러 먹되 [9]날것으로나 물에 삶아서 먹지 말고 머리와 다리와 내장을 다 불에 구워 먹고 [10]아침까지 남겨두지 말며 아침까지 남은 것은 곧 불사르라

^{11}너희는 그것을 이렇게 먹을지니 허리에 띠를 띠고 발에 신을 신고 손에 지팡이를 잡고 급히 먹으라 이것이 여호와의 유월절逾越節이니라 ^{12}내가 그 밤에 애굽 땅에 두루 다니며 사람과 짐승을 막론하고 애굽 땅에 있는 모든 처음 난 것을 다 치고 애굽의 모든 신을 내가 심판하리라 나는 여호와라 ^{13}내가 애굽 땅을 칠 때에 그 피가 너희가 사는 집에 있어서 너희를 위하여 표적이 될지라 내가 피를 볼 때에 너희를 넘어가리니 재앙이 너희에게 내려 멸하지 아니하리라 ^{14}너희는 이 날을 기념하여 여호와의 절기를 삼아 영원한 규례로 대대로 지킬지니라.

이 기록에서 우리는 셈족의 유목문화 속에 내재되어 있는 희생제사의 상징은 단순히 형식적인 종교의례에 의미를 둔 것이 아니고, 양의 피를 문설주와 인방에 발라 거룩한 표적을 함으로써 재앙을 피할 수 있는 초월적 위력이 일어난다는 신앙에 초점을 둔 것임을 알 수 있다. 동물의 피를 마당이나 밭이나 사람에게 뿌려 재앙을 막거나 신의 진노를 막을 수 있다고 믿는 신앙은 원시 유목민족에서 흔한 일이었다. 피는 생명의 상징으로서 활력성이 있는 것으로 믿었기 때문이다.

종교학적으로 볼 때 재앙을 막기 위하여 사용되는, 초월적 힘을 지닌 물건이나 표적은 부적이다. 이런 점에서 본다면 이스라엘의 유월절에 양 문설주와 인방에 양의 피를 발라 재앙을 넘기려고 표적을 했던 것은 원시 유목사회의 부적신앙의 한 형태라고 할 수 있다. 문자나 표적에 신성한 본질이 현현됨으로써 부적의 기능을 지니게 되는 것은 모든 종교의 상징물에서도 찾아볼 수 있다.

강의를 마치며

로버트 마레트Robert R. Marett는 "원시종교는 생각해 낸 것이 아니고, 춤으로 표출된 것이다"라고 말한 바 있다. 종교는 사유의 결과물이 아니고, 문화의 소산물이라는 것이다.

종교는 문화의 원동력이 되며 동시에 문화에 의해서 개성화된다. 문화는 예술, 음악, 문학, 습관, 도덕, 역사, 사회, 사상, 과학 등을 비롯하여 인간의 삶의 전 영역을 포함하고 있으므로 마레트의 정의는 구체적으로 춤이라는 문화의 한 영역을 들어 말한 것이다.

여기에서 문화와 종교 간의 관계를 결론적으로 재조명해 보면 인간의 삶의 전 영역을 포괄하고 있는 문화는 종교의 본질을 여러 형식과 양태로 표현하고 구체화한 것이라고 할 수 있다. 사실 인간의 문화에서 현실성과 초월성, 질료적인 면과 형상적인 면, 유한성과 무한성, 시간적 양태와 초시간적 양태의 혼합을 인정한다면 인간의 모든 문화는 본질적으로 종교적이며 신성한 것이라는 주장도 인정할 수 있을 것이다. 우리는 이런 논리를 갖고 반대로도 생각할 수 있다. 문화가 종교적이듯이 모든 종교는 문화적이라는 것이다.

모든 고등 종교는 문자로 기록된 경전, 교주, 종단, 제주, 예배당, 신도, 예배형식, 신자 가입의례, 역사관, 현세 해석론, 내세관, 인생관, 자연관 등 인간의 언어와 문자, 사고와 행위 등에 의해서 집행되는 형식을 갖고 있다. 이런 모든 것들을 문화라고 부른다. 그렇기 때문에 어떤 형태의 종교도 문화적이 아닐 수 없다.

이런 현상은 고등 종교에서만 발견할 수 있는 것은 아니다. 오히려 원시종교에서는 종교와 문화가 거의 구별되지 않을 정도로 밀착되어 있다. 원시문화권에서는 만물에 신적 위력이 깃들어있다고 믿기 때문에 모든 것이 종교적이며, 종교적 생활 자체가 문화였다.

이런 맥락에서 볼 때 인간의 삶, 종교, 문화는 동질적인 것의 다양한 표현에 불과하다고 하겠다. 문화와 종교 간의 상관관계에 관한 이런 종교학이 '문화종교학Wissenschaft der Kulturreligion'이다. 문화종교학은 삶, 종교, 문화의 발생학적 순서를 서술하는 것에 목적을 둔 것이 아니고, 문화의 종교화와 종교의 문화화를 인간의 삶에서 해석하고 이해하려는데 궁극적인 목적을 둔 종교학이다.

참 고 문 헌

Baird, Robert D. 1971. "Part Two. Indian Religious Traditions." In *Religion and Man: An Introduction*. Gen. edited by W. Richard Comstock. New York: Harper & Row.

Bellah, Robert N. 1976. *Beyond Belief: Essays on Religion in a Post-Traditional World*. New York: Harper & Row.

Bianchi, Ugo. 1975. *The History of Religions*. Leiden, Netherlands: E. J. Brill.

Bollnow, Otto Friedrich. 1969. *Existenzphilosophie*. 7. Aufl. Stuttgart: W. Kohlhammer Verlag.

Cohen, J. M., & M. J. 1982. *The Penguin Dictionary of Quotations*. Harmondsworth, Middlesex, U. K.: Penguin Books.

Comstock, W. Richard, gen. ed. 1971a. *Religion and Man: An Introduction*. New York: Harper & Row.

Comstock, W. Richard. 1971b. "Part One: The Study of Religion and Primitive Religions." In *Religion and Man: An Introduction*. Gen. edited by W. Richard Comstock. New York: Harper & Row.

De Vries, Jan. 1967. *Perspectives in the History of Religions*. Translated by Kees W. Bolls. New York: Harcourt, Brace & World, Inc.

Eliade, Mircea. 1959. *The Sacred and the Profane: The Nature of Religion*. New York: Harcourt, Brace & World, Inc.

Eliade, Mircea. 1966. *Patterns in Comparative Religion: A Study of the Element of the Sacred in the History of Religious Phenomena by Distinguished Catholic Scholar*. Cleveland: World Publishing Co.

Eliade, Mircea & Joseph M. Kitagawa, ed. 1973a. *The History of Religions: Essays in Methodology*. Chicago: University of Chicago Press.

Eliade, Mircea. 1973b. "Methodological Remarks on the Study of Religious Symbolism." In *The History of Religions: Essays in Methodology*. Edited by Mircea Eliade & Joseph M. Kitagawa. Chicago: University of Chicago Press.

Eliade, Micea. 1974. *Gods, Goddesses, and Myths of Creation*. New York: Harper & Row.

Eliade, Mircea. 1975a. *The Quest: History and Meaning in Religion*. Chicago: University of Chicago Press.

Eliade, Mircea. 1975b. *Myths, Dreams and Mysteries: The Encounter between Contemporary Faiths and Archaic Realities*. New York: Harper & Row.

Engels, Friedrich. *Anti-Dühring* (Werke, Bd. 20): 294. Quoted in Franz Skoda. 1968. Die

Sowjetrussische Philosophische Religionskritik Heute: 28. Freiburg/Basel/Wien: Herder Verlag.

Eucken, Rudolf. 1912. *Hauptprobleme der Religionsphilosophie der Gegenwart*. 5. verbesserte und erweiterte Aufl. Berlin: Reuther & Reichard.

Feuerbach, Ludwig. 1969. *Das Wesen des Christentums*. Mit Nachwort von Karl Löwith. Stuttgart: Philipp Reclam Jun.

Frazer, James G. 1942. *The Golden Bough: A Study in Magic and Religion*. Abridged ed. New York: Macmillan Co.

Heidegger, Martin. 1967. *Sein und Zeit*. 2. unveränderte Aufl. Tübingen: Max Niemeyer Verlag.

Homans, George C. 1950. *The Human Groups*. New York: Harcourt, Brace & World, Inc.

Husserl, Edmund. 1976. *Husserliana Gesammelte Werke*. Edited by Karl Schumann. Den Haag: Martinus Nijhoff.

Karl Marx-Friedrich Engels 23: 94. Quoted in Georg Klaus & Manfred Buhr. 1969. *Philosophische Wörterbuch*, Bd. 2: 944. Leipzig: VEB Bibliographisches Institut.

Kaufmann, Walter. 1965. *Religion und Philosophie: Eine Kritik des Denkens unserer Zeit*. München: Szczesny Verlag.

Kierkegaard, Sören. 1941. *The Sickness unto Death*. Translated by W. Lowrie. Princeton, N. J.: Princeton University Press.

King, John H. 1892. *The Supernatural: Its Origin, Nature, and Evolution*.

Klaus, Georg, & Manfred Buhr. 1969. *Philosophische Wörterbuch*. Bd. 2. Leipzig: VEB Bibliographisches Institut.

Lenin, Wladimir Iljitsch. *Socinenija* (Moskau 1941-60) Bd. 10: 65; deutsche Übersetzung: Werke, Bd. 10: 70f. Quoted in Franz Skoda. 1968. *Die Sowjetrussische Philosophische Religionskritik Heute*: 28. Freiburg/Basel/Wien: Herder Verlag.

Leuba, James H. 1912. *A Psychological Study of Religion*. New York: Macmillan Co.

Lévy-Bruhl, Lucien. 1966. *How Native Think*. New York: Washington Square Press.

Löwith, Karl, ausgewählt und eingeleitet. 1962. *Die Hegelsche Linke*. Stuttgart-Bad Cannstatt: Friedrich Frommann Verlag.

Marx, Karl. "Zur Kritik der Hegelschen Rechtsphilosophie." *Aus Den Deutsch- Französischen Jahrbüchern* (1843/44). In *Die Hegelsche Linke*. Ausgewählt und eingeleitet von Karl Löwith. 1962. Stuttgart-Bad Cannstatt: Friedrich Frommann Verlag.

Marx, Karl. *Aus den Exzerptheften: die entfremdete und die unentfremdete Gesellschaft, Geld, Kredit und Menschlichkeit*. In *Karl Marx-Friedrich Engels*, Bd. II. *Politische Ökonomie*. Hg. von Iring Fetscher. 1966. Frankfurt am Main: Fischer Bücherei.

Marx, Karl. *Die Frühschriften*. Hg. v. Landshut und Mayer. In *Der historische Materialismus*,

Leipzig, 1932: 279. Quoted in Arend Th. van Leeuwen. 1966. *Christentum in der Weltgeschichte: Das Heil und die Sakularisation*: 252. Stuttgart/Berlin: Kreuz-Verlag.

Meadow, Mary Jo, & Richard D. Kahoe. 1984. *Psychology of Religion*. New York: Harper & Row.

Mensching, Gustav. 1959. *Die Religion: Eine umfassende Darstellung ihrer Erscheinungsformen, Strukturtypen und Lebensgesetze*. München: Wilhelm Goldmann Verlag.

Nietzsche, Friedrich. 1969. *Also Sprach Zarathustra: Ein Buch für Alle und Keinen*. Mit einem Nachwort von Alfred Baeumler. Stuttgart: Alfred Kröner Verlag.

Otto, Rudolf. 1936. *Das Heilige: Über das irrationale in der Idee des Göttlichen und sein Verhältnis zum Rationalen*. 23. bis 25. Aufl. München: C. H. Beck'sche Verlagsbuchhandlung.

Pettazzoni, Raffaele. 1973. "The Supreme Being: Phenomenological Structure and Historical Development." In *The History of Religions: Essays in Methodology*. Edited by Mircea Eliade & Joseph M. Kitagawa. Chicago: University of Chicago Press.

Przywara, Erich. 1927. *Religionsphilosophie Katholischer Theologie*. München/Berlin: Druck und Verlag von R. Oldenbourg.

Die Religion in Geschichte und Gegenwart (=RGG). 1957. 3. Aufl. Tübingen: J. C. B. Mohr [Paul Siebeck].

Schleiermacher, Friedrich. 1799. *Über die Religion: Reden an die Gebildeten unter ihren Verächtern*. Berlin: Johann Friedrich Unger.

Schleiermacher, Friedrich. 1980. *Der Christliche Glaube nach Grundsätzen der evangel-ischen Kirche im Zusammenhang dargestellt (1821-1822)*, Teilband 1 (KGA I, 7, 1). Berlin: Walter de Gruyter.

Sharpe, Eric J. 1975. *Comparative Religion: A History*. New York: Charles Scribner's Sons.

Skoda, Franz. 1968. *Die Sowjetrussische Philosophische Religionskritik Heute*. Freiburg/Basel/Wien: Herder Verlag.

Smart, Ninian, & Richard D. Hecht, ed. 1982. *Sacred Texts of the World: A Universal Anthology*. New York: Crossroad Publishing Co.

Smith, Wilfred Cantwell. 1964. *The Meaning and End of Religion: A New Approach to the Religious Traditions of Mankind*. New York: New American Library of World Literature, Inc.

Spann, Othmar. 1947. *Religionsphilosophie: Auf Geschichtlicher Grundlage*. Wien: Gallus-Verlag.

Tillich, Paul. 1950. *Der Protestantismus: Prinzip und Wirklichkeit*. Stuttgart: Evangelisches Verlagswerk.

Tillich, Paul. 1962. *Christentum und Soziale Gestaltung*. Stuttgart: Evagelisches Verlagswerk.

Tillich, Paul. 1963. *Systematic Theology*, vol. III. Chicago: University of Chicago Press.

Tillich, Paul. 1966. *Systematische Theologie*, Bd. III. Translated by Renate Albrecht & Ingeborg Henel. Stuttgart: Evangelisches Verlagswerk.

Titius, Arthur. 1937. *Religionsphilosophie*. Göttingen: Vandenhoeck & Ruprecht.

Van der Leeuw, Gerardus. 1977. *Phänomenologie der Religion*. 4. Aufl. Tübingen: J. C. B. Mohr [Paul Siebeck].

Van Leeuwen, Arend Th. 1966. *Christentum in der Weltgeschichte: Das Heil und die Sakularisation*. Stuttgart/Berlin: Kreuz-Verlag.

Welte, Bernhard. 1980. *Religionsphilosophie*. 3. Aufl. Freiburg/Basel/Wien: Herder Verlag.

Pascal, Blaise. 1963. *Pensées*. 신상초 역. 『팡세』. 서울: 을유문화사.

김하태, 한태동, 지동식. 1961. 『종교와 기독교』. 서울: 연세대학교 출판부.

이규태. 1985. 『세계의 기속과 성』. 서울: 동광출판사.

한승홍. 1987. 『문화종교학: 종교 학파와 방법론을 중심으로』. 서울: 장신대 출판부.

한승홍. 1989. 『존재와 의식: 현대사상의 철학적 기초』. 서울: 장신대 출판부.

한승홍. 2006. 『철학적 신학』. 서울: 장신대 출판부.

한승홍. 1977. "프리드리히 니이체 철학에 대한 새로운 이해." 『신학논단』 제13집: 85-108.

한승홍. 1980. "슐라이어마허의 종교철학과 신학구조." 『신학논단』 제14집: 131-51.

한승홍. 1985. "슐라이어마허의 「신앙론」에 대한 분석적 이해." 『장신논단』 창간호: 293-319.

문화종교학 27강

2017년 4월 17일 인쇄
2017년 4월 24일 발행

지은이 | 한숭홍
펴낸이 | 김영호
펴낸곳 | 도서출판 동연
등 록 | 제1-1383호(1992년 6월 12일)
편 집 | 박연숙 디자인 | 황경실   관 리 | 이영주
주 소 | 서울시 마포구 월드컵로 163-3
전 화 | (02) 335-2630
팩 스 | (02) 335-2640
이메일 | h-4321@daum.net

ISBN 978-89-6447-361-0 03200